August Höglinger

Das Leben entrümpeln

Verlag A. Höglinger

Impressum:

Herausgeber und Verleger: Dr. August Höglinger
Lektorat: Textservice Johann Schnellinger, Linz
Druck: EuroPB s. r. o. Druckservice, Prokopská 8, CZ-26101 Příbram, www.europb.eu
Cover: pixelkinder, www.pixelkinder.com
Coverfoto: © pixelkinder
Satz und Layout: Friedrich Jung A3 Werbeservice GmbH, Franckstraße 45, A-4020 Linz
Redaktionelle Bearbeitung: Dr. Georg Schildhammer

Bestellungen an den Verlag:
Dr. August Höglinger, Fröhlerweg 8, A-4040 Linz
Tel.: ++43(0)732 / 75 75 77
Fax: ++43(0)732 / 75 75 77 DW 4
E-Mail: office@hoeglinger.net
Internet: www.hoeglinger.net

ISBN 978-3-9501137-9-2

Das Leben entrümpeln

Inhalt

Männliche/weibliche Form im Text

Ich habe aus Gründen der besseren Lesbarkeit und Verständlichkeit des Textes nur eine Form der Anrede gewählt, und zwar die männliche, weil sie die gängigere ist. Diese steht stellvertretend für beide Geschlechter. Ich bitte alle meine Leserinnen und Leser um ihr Verständnis.

Einleitung

Kennen Sie Adrian Monk? Richtig! Das ist der schusselige – oder besser gesagt: auf den ersten Blick schusselig wirkende – Ex-Polizist und Berater der Polizei, der in der gleichnamigen US-TV-Serie in San Francisco auf Verbrecherjagd geht. Tatsächlich löst Mister Monk jeden seiner Fälle auf brillante Art und Weise, während die Polizei bis zu seinem Auftritt meistens völlig im Dunkeln tappt. Warum wirkt der „Schnüffler" aber nun schusselig? Er leidet unter starken neurotischen Zwangsstörungen. Alles in seiner Umgebung muss perfekt „passen". Er ordnet nicht nur die Gegenstände in seiner eigenen Wohnung mit dem Lineal in Reih und Glied und benötigt Stunden, um einen einzigen Scheck auszufüllen – weil es eben so lange dauert, bis die Unterschrift seiner Ansicht nach „sitzt". Seine Kleider, sein Küchenzubehör, all seine Unterlagen haben ihren genau definierten Platz, den sie nach Verwendung und sorgfältigster Reinigung sofort wieder zugewiesen bekommen. Überall wo Adrian Monk hinkommt, ist er gezwungen, der Welt seine eigene, übergenaue Ordnung aufzuzwingen. So rückt er schiefe Bilder an Wänden zurecht, bringt Zuckerdosen in Restaurants in symmetrische Reihe und ordnet bei Besuchen im Police Department seiner Heimatstadt Kugelschreiber in den Behältern auf den Schreibtischen nach ihrer Farbe.

Warum erzähle ich Ihnen das alles? Nun, Adrian Monk ist das perfekte Gegenbild zu all jenen, über die ich auf den folgenden Seiten berichten möchte. Auch wenn Monks Art, Ordnung zu halten, zweifellos krankhaft ist, könnten sich die meisten von uns an ihm zumindest ein kleines Beispiel nehmen.

Szenenwechsel. Der bekannte, allseits beliebte und auf seine Weise ebenso schrullige Opernliebhaber Marcel Prawy, der vor Jahren verstarb, war wohl das, was man neudeutsch als „Messie" (der Ausdruck stammt von der US-amerikanischen Sonderschulpädagogin Sandra Felton, selbst ein „Messie", die in den 80er-Jahren die Selbsthilfegruppe „Messies Anonymous" gründete und zahlreiche Bücher zum Thema veröffentlichte) bezeichnet: ein Mensch, der besessen irgendwelche Dinge sammelt und sich partout nicht von ihnen trennen kann, obwohl sie ihm bereits den Platz zum Leben wegnehmen. Prawy, der alle möglichen Partituren und musiktheoretischen Unterlagen in Plastiksäckchen in seiner Wohnung aufbewahrte, war ab einem bestimmten Zeitpunkt gezwungen, in ein Zimmer im Wiener Hotel Sacher zu übersiedeln. Denn in seiner Wohnung war kein Platz mehr für ihn selbst...

Sie sehen schon, Adrian Monk und Marcel Prawy verkörpern, jeder auf seine Weise, Extreme: auf der einen Seite der zwanghafte Ordnungsfanatiker, auf der anderen sein Gegenteil, der (liebenswerte) „Ramschler". Beide Haltungen sind mit ziemlicher Sicherheit nicht die Norm, denn die liegt – wie so oft – auch hier in der Mitte.

Im vorliegenden Buch möchte ich Ihnen zeigen, wie Sie sich selbst und Ihr Leben „in Ordnung" bringen können, ohne deshalb gleich zu einem zweiten Monk werden zu müssen. Ich werde mich dazu mit drei Bereichen beschäftigen, in denen „Gerümpel" im weitesten Sinn anfällt und uns das Leben schwer macht. Dabei werde ich mich gleichsam von außen nach innen bewegen. Was ist damit gemeint? „Gerümpel" im ursprünglichen Sinn kann sich um uns herum, also außerhalb unseres Körpers ansammeln. Ich wende den Begriff aber auch auf unseren Körper selbst an. Schleppen wir Übergewicht, Schlacken, Giftstoffe mit uns herum, die wir loswerden sollten? Das ist die mittlere Station auf der Strecke zum „gerümpelfreien" Zustand. Im letzten Abschnitt des Buches wende ich mich dann unserem Inneren zu: „Gerümpel" seelischer und geistiger Natur ist dort das Thema. Welche Gedanken und Gefühle verfolgen und quälen mich? Wie kann ich mich von ihnen befreien, sie hinter mir lassen?

Sie haben Recht: Auf den ersten Blick mag es etwas sonderbar erscheinen, drei vollkommen unterschiedliche Gebiete unter einer Perspektive in den Blick zu nehmen und Lösungen dafür vorzuschlagen. Ist dieser Anspruch, vor allem bei der gebotenen Kürze eines einzigen Buches, überhaupt zu erfüllen? Macht ein solcher Zugang überhaupt Sinn? Ich glaube, ja. Es ist richtig, weil hilfreich, die Parallelen aufzudecken, die zwischen dem Chaos um uns herum, demjenigen in unserem Körper und demjenigen in unserem geistig-seelischen Sein bestehen. Denn alle drei Bereiche hängen aufs Engste miteinander zusammen.

Man könnte wohl zu Recht von einem strukturellen Problem sprechen. Denn der Hang zur Unordnung, der seine Ursachen in unserem Inneren hat, findet seinen Ausdruck in allen drei genannten Gebieten. Ihm die Stirn zu bieten und ihn in den Griff zu bekommen, erfordert eine Menge Arbeit – in physischer, aber auch in psychischer Hinsicht. Die Belohnung für den Aufwand macht sich dafür dann aber mehrfach bezahlt: Wer es schafft, Ordnung in der Welt um sich herum herzustellen, dem fällt es leichter, die innere Ordnung (wieder) zu finden und umgekehrt. Denn alles hängt miteinander zusammen und beeinflusst sich wechselseitig.

Was ist überhaupt „Gerümpel"?

Die Gegenstände der Welt um uns herum, die Stoffe, die wir unserem Körper zuführen und dort lagern, sowie das, was wir an Gedanken und Gefühlen in unserem Geist und in unserer Seele aufheben, zerfallen – grob betrachtet – in zwei Gruppen: Auf der einen Seite gibt es diejenigen

Dinge (im weitesten Sinn des Wortes), die wir für einen konkreten Zweck benötigen und sie deshalb gebrauchen. Ihnen gegenüber steht eine große Zahl an Dingen, deren Bedeutung für uns – sprich: ihr Nutzen – nicht so wirklich erkennbar ist. Vieles davon brauchen wir wahrscheinlich überhaupt nicht (mehr). Einiges davon könnten wir, selbst wenn wir es brauchen würden, nicht mehr verwenden, weil es schon vor längerer Zeit im technischen Sinn unbrauchbar geworden ist. Zur Bezeichnung all jener Dinge verwenden wir die Begriffe „Gerümpel", „Krempel", „Kram", „Mist", „Plunder" und so weiter.

Das Wort „Gerümpel" stammt aus dem Mittelhochdeutschen und bedeutet – wie ein Blick ins Herkunftswörterbuch klarmacht – „rumpelnd wackelnder oder zusammenbrechender Hausrat". Das bringt eine wesentliche Eigenschaft von Gerümpel so ziemlich auf den Punkt. Es handelt sich bei Gerümpel im klassischen Sinn um Dinge, die eigentlich sinnlos, weil unbrauchbar geworden, im Weg herumstehen und uns die Sicht auf das Wesentliche verstellen: alte Unterlagen vom früheren Job (die schon wertlos waren, als man diesen Job noch hatte); Familienfotos der x-ten Geburtstagsfeier (die jedes Jahr von neuem aufgenommen werden und sich kaum von jenen der Jahre davor unterscheiden); leere Kaffeedosen (die man aufhebt, da man sie ja irgendwann einmal noch verwenden könnte, um irgendetwas darin aufzubewahren: zum Beispiel Kugelschreiber, von denen man bereits so viele gesammelt hat, dass man drei Menschenleben damit durchschreiben könnte); ein ferngesteuertes Auto des längst erwachsenen Sohnes (das zwar nicht mehr läuft, aber wer weiß, wozu man die Fernsteuerung irgendwann einmal benötigen könnte); Gegenstände, die man in mehrfacher Ausführung besitzt, von denen man aber nicht einmal ein einziges Exemplar benötigt, und vieles mehr.

Erst kürzlich hat mir ein Manager erzählt, dass seine Frau und er jedes Jahr ungefähr 60 Marmeladegläser waschen, trocknen und dann wieder in den Keller stellen – es könnte ja sein, dass sie die Gläser irgendwann einmal wieder brauchen. Ein befreundeter Arzt hat so viel Zeugs in seiner Wohnung gehortet, dass er sie kaum mehr betreten kann. Oder der Unternehmer, in dessen Büro sich stapelweise Akten auf dem Boden türmten. Er wusste genau, wo sich was befand, das war beinahe bewundernswert. Andererseits war er aber auch zu bedauern, weil er es nicht schaffte, zu entrümpeln. Das Büro seiner Sekretärin war das totale Gegenstück dazu: penibel aufgeräumt. Und sie fand die Dinge, die sie benötigte, mindestens genauso schnell. Eine weitere Klientin von mir sammelt leidenschaftlich Kartons in unterschiedlichen Größen. Sie benötigt sie nicht, auf jeden Fall nicht so viele. Aber sie denkt, es kommt einmal der Tag, wo sie Verwendung dafür haben könnte. Sie ist nicht in der Lage, auch nur eine einzige dieser Pappschachteln zu entsorgen. Mittlerweile gibt es in Linz eine Dame, die sich selbst als „Waste Watcher" bezeichnet, als „Abfallwächterin". Sie können diese Frau gegen Bezahlung dafür engagieren, dass sie Ihnen dabei hilft, zu entrümpeln. Mit ihrer Hilfe haben wir es geschafft, meiner Klientin zumindest einige ihrer Kartons zu „entreißen", Stück für Stück – ein schwieriger und lange dauernder Prozess. Dazu mussten wir festlegen, wie viele Exemplare jeder Kartongröße sie wofür benötigt, die anderen haben wir dann weggeworfen.

Gerümpel sind aber nicht nur Dinge, mit denen wir im technischen Sinn wenig bis nichts mehr anfangen können. Ich rechne dazu auch Dinge, die ich nicht mehr liebe, sie also im unmittelbaren emotionalen Sinn nicht mehr „brauche". Indirekt aber bin ich auf paradoxe Weise noch immer gefühlsmäßig von ihnen abhängig. Gerade deshalb kann ich mich ja nicht von ihnen trennen. Ein Beispiel: Sportutensilien, etwa meine Skier. Obwohl ich sie praktisch nie verwende, fällt es mir unendlich schwer, sie loszuwerden. Denn einerseits habe ich bei ihrem Kauf sehr viel Geld dafür ausgegeben. Sie jetzt wegzuwerfen oder herzuschenken wäre so, als würde ich das Geld, das ich dafür bezahlt habe, wegwerfen oder herschenken. Auf der anderen Seite kann ich mein schlechtes Gewissen darüber, dass ich zu wenig Sport treibe, damit in Schach halten, dass ich mir sage: Du hast ja all deine Sportgeräte und könntest, wenn du wolltest, jederzeit loslegen.

Ein Teilnehmer eines meiner Seminare hat mir kürzlich erzählt, dass er noch immer Spielsachen von seinem Kind aufbewahrt, obwohl dieses bereits 23 Jahre alt ist. Er kann die Gegenstände ganz einfach nicht wegwerfen, denn er hätte das Gefühl, er würde damit zugleich sein Kind wegwerfen.

All jene Dinge, die wir eigentlich nie verwenden und die wir höchstens, wenn wir ihnen zufällig einmal wieder begegnen, von einem Platz zu einem anderen umräumen, gehören definitiv zum Gerümpel.

Hingegen sind nicht alle Gegenstände, die keinen unmittelbaren praktischen Nutzen haben, automatisch sinnlos. Kunstobjekte etwa, die mein Dasein durch ihren bloßen Anblick bereichern, haben selbstverständlich ihre Existenzberechtigung. Sie rechne ich nicht zum Gerümpel: ein schönes Bild, eine kunstvolle Schnitzerei, ein exotischer Wandteppich, um nur ein paar Beispiele zu nennen. Aber auch hier gilt: Die Kunstwerke müssen sichtbar in der Wohnung angebracht sein, um ihren ästhetischen Zweck zu erfüllen. In einem Karton auf dem Dachboden können sie Auge und Herz des Betrachters kaum erfreuen. Da wäre es besser, sie gleich auf den Flohmarkt zu tragen oder einem Sammler zu schenken.

Warum entrümpeln?

„Wer Ordnung hält, ist bloß zu faul zum Suchen!"

Diesen Spruch kennen Sie bestimmt. Vielleicht haben Sie ihn sogar selbst schon einmal Ihrem Partner, einem Freund oder Ihrem Bürokollegen halb im Scherz – und damit zur anderen Hälfte nicht ganz unernst gemeint – entgegengeschleudert. Ihr „aufgeräumtes" Gegenüber hat Sie dann wahrscheinlich mitleidsvoll angeblickt und nichts mehr darauf geantwortet.

Aber stimmt der Spruch tatsächlich? Ist der Ordnungswillige bloß zu faul zum Suchen? Die Wissenschaft beantwortet die Frage ziemlich klar: Durch nicht vorhandene Ordnung geht eine Menge Zeit verloren, Zeit, die wir zum Suchen benötigen und die wir wesentlich sinnvoller einsetzen könnten, zum Beispiel um Dinge zu erledigen, die uns privat oder beruflich weiterbringen. Wer jedes Mal von neuem beginnen muss, die Stätten seines Wirkens zu organisieren, ihnen eine übersichtliche Gestalt zu verleihen, auf deren Basis man vernünftig arbeiten kann, verschwendet kostbare Zeit.

Stellen Sie sich vor, was es bedeutet, wenn Sie jeden Tag nur zehn Minuten nach Gegenständen oder Unterlagen suchen müssen. Zehn Minuten pro Tag macht in Summe 70 Minuten pro Woche.

Das ist also mehr als eine Stunde. Bei vier Wochen pro Monat ergibt das insgesamt bereits mehr als viereinhalb Stunden. Das ist ein halber Arbeitstag! Pro Monat verplempern wir also die Zeit eines halben achtstündigen Arbeitstages (im Jahr sind es mehr als sieben Tage zu je acht Stunden – also über eine Arbeitswoche!) mit Suchen. Damit möchte ich natürlich nicht sagen, dass wir der Volkswirtschaft erheblichen Schaden zufügen – obwohl das tatsächlich zutrifft. Es gibt Studien, die behaupten, dass Menschen bis zu 25 Prozent ihrer Arbeitszeit mit Suchen vergeuden. Da unsere beruflichen Aufgaben ja nicht von selbst weniger werden, wir sie also trotzdem zu erledigen haben, müssen wir eben mehr Zeit im Büro verbringen.

Die Zeit, die wir somit herschenken, die uns dadurch unwiderruflich abhandenkommt, könnten wir dazu verwenden, interessante Bücher zu lesen, Sport zu treiben oder uns mit unserer Familie zu beschäftigen. Anstatt unser Leben zu entrümpeln und nicht Benötigtes wegzuwerfen, schmeißen wir kostbare Zeit weg und bestehlen uns damit selbst. Was für eine Verschwendung!

Ein mindestens ebenso guter Grund fürs Entrümpeln wie derjenige, Zeit zu sparen, ist der, dass wir dadurch Platz für Neues schaffen. Manche Menschen fürchten sich vor zu viel leerem Platz. Aber erst wenn wir zum Beispiel alte oder nie benützte Kleider loswerden, können wir neue kaufen und sie in den Kasten hängen. Nur wenn wir den Dachboden oder Keller von Dingen befreien, die dort nur unnötig den Platz verstellen, können wir andere Gegenstände einlagern, die wir später wirklich noch einmal brauchen. Ohne Entschlackung wird es uns schwerfallen, uns „in unserer Haut" wohl zu fühlen. Nur wer sich selbst gefällt, passt auf sich auf, kümmert sich um sein Äußeres, schaut auf seinen Körper. Wenn wir uns nicht gefallen, kostet es uns sehr viel Überwindung, an uns zu arbeiten. Sobald wir uns wieder im Spiegel betrachten können und den Menschen mögen, der uns entgegenblickt, kommen wir in die Gänge. Jetzt fühlen wir uns besser und sind dazu bereit, auch weiter an uns zu arbeiten. Zuletzt schafft die seelische und geistige Entrümpelung Platz für neue Gefühle, andere Gedanken, die unserer Gegenwart besser entsprechen, unseren aktuellen Wünschen und Bedürfnissen.

Dinge, die wir nicht entsorgen, belegen uns mit Sorge. Sie zu ent-sorgen, befreit uns davon. Wer sich von Gerümpel frei machen kann, befreit sich damit auch von Erinnerungen, seien es Emotionen, seien es Gedanken, die an den Dingen kleben und uns so verfolgen.

Vor ein paar Jahren habe ich einen Film gesehen. In diesem Film wurde eine Straße gezeigt. Die Straße war blitzblank, kein Körnchen Schmutz, kein weggeworfenes Papier weit und breit war zu sehen. Dann kam plötzlich ein Passant vorbei und warf eine leere Zigarettenpackung auf den Gehsteig. Innerhalb kürzester Zeit hatte sich um dieses eine Stück Abfall eine kleine Menge Mist angesammelt, die langsam, aber beständig wuchs. Das ist ein interessanter Effekt: Gerümpel zieht, so scheint es, weiteres Gerümpel an. Man könnte fast meinen, Müll hätte eine magnetische Wirkung auf seinesgleichen. Wer schon einmal eine Messe besucht hat, weiß, wie viele Prospekte nach kurzer Zeit am Boden herumliegen. Sie haben diese Erfahrung bestimmt schon gemacht: Es fällt sehr leicht, Kästen, Tische, Ablagen, die schon zugeräumt sind, weiter mit Zeugs vollzustopfen.

Umgekehrt ist die Hemmschwelle extrem hoch, wenn es darum geht, Müll in einer sauberen Umgebung einfach auf die Straße zu werfen. Ein Klient hat mir erzählt, dass er mit seiner Familie eine Reise zu Euro Disney nahe Paris unternommen hat. Dort werden die Straßen und Gehwege regelmäßig gesäubert. Die Besucher werfen so gut wie nichts weg, weil es sofort auffallen würde. Das schlechte Gewissen, eine saubere Straße auch nur mit einer einzigen Zigarettenkippe zu verunreinigen, wäre einfach zu groß.

Kennen Sie die so genannten „Leertischler"? Das sind diejenigen Menschen, deren Schreibtisch am Ende des Arbeitstages, bevor sie das Büro verlassen, leer ist. Was passiert, wenn ich mich von meinem vollgeräumten Tisch verabschiede und in die Freizeit entschwinde? Alles, was noch nicht erledigt ist und sich gut sichtbar auf meinem

Tisch breitmacht, flüstert mir mit leiser Stimme zu: „August, wann erledigst du mich? August, hast du eh nicht auf mich vergessen? August, wann rufst du bei Frau Meier an? August, hoffentlich bekommst du keine auf den Deckel, weil du das noch nicht getan hast.“ Das ist so, als würden mehrere Menschen um meinen Tisch herum stehen und mich mit ernster Miene dazu auffordern, mich endlich um ihr Anliegen zu kümmern. Ich brauche gar nicht bewusst darüber nachzudenken, denn alles, was sich da vor Verlassen des Büros auf dem Schreibtisch stapelt, arbeitet sich durch mein Auge ins Unterbewusstsein vor. Dort sitzt es dann und zupft ohne Unterlass an meinem Gewissen.

Ich hatte einmal eine Sekretärin, die war perfekt organisiert. Aber was mich am meisten beeindruckt hat: Sie hatte zwei Ablagebehälter für Unterlagen, einen für Dinge, die am jeweiligen Tag erledigt werden mussten, und einen zweiten für diejenigen Arbeiten, die noch etwas Zeit hatten. Am Abend jedes Arbeitstages nahm sie die beiden Behälter und sperrte sie in den Schrank. Dann drehte sie sich zum leeren Schreibtisch um, lächelte zufrieden und verließ das Büro. Als ich das zum ersten Mal sah, dachte ich mir: Das funktioniert doch nie! Ich kann mich doch nicht dadurch von den Gedanken an meine zahlreichen Aufgaben befreien, indem ich einfach die Akten in den Schrank sperre. Sie sind ja schließlich immer noch da. Ich weiß es. Da drinnen wartet die ganze unerledigte Arbeit.

Einige Zeit später habe ich einen dreiwöchigen Urlaub gebucht – erstmals in meinem Leben. Was glauben Sie, habe ich getan? Bevor ich aus dem Büro aufbrach, um nachhause zu fahren, hatte ich den Schreibtisch komplett leergeräumt, alles in den Schubladen verschwinden lassen und die wichtigen Dinge an Kollegen und Mitarbeiter abgegeben. Als ich an der Tür meines Zimmers angekommen war, drehte ich mich noch einmal um und betrachtete den leeren Schreibtisch. Und ob Sie es glauben oder nicht: Ein Gefühl tiefer Zufriedenheit breitete sich in mir aus. Ja, dachte ich, jetzt kann ich beruhigt in den Urlaub fahren, ohne von meinen Pflichten im Geiste verfolgt zu werden. Von dem Tag an habe ich verstanden, warum meine Frau stets großen Wert darauf legt, die Küche aufzuräumen, bevor wir das Haus verlassen. Wenn man die Plätze, an denen man arbeitet, nicht reinigt und ordnet, bevor man geht, bleibt immer ein unangenehmes Gefühl im Hintergrund, ein leichter Nachgeschmack von „nicht erledigt", „nicht abgeschlossen".

Gerümpel ist aufgestaute Energie. Was ist darunter zu verstehen? Vor einigen Jahren war ich auf einem Seminar. Das Hotel lag an einem Fluss. Am ersten Abend bin ich zum Flussufer hinunterspaziert und habe aufs Wasser geblickt. Es war gestaut und an dieser Stelle verschmutzt. Dort, wo es sich staut, wo die Energie nicht fließen kann, verschmutzt es! Genauso verhält es sich auch mit dem Entrümpeln. Wenn Sie den Dingen nicht ermöglichen, in vernünftiger Zeit erledigt zu werden, stauen sie sich. Und dann geht nichts mehr. Gerümpel ist aufgestaute Energie! Dort, wo Energie sich staut, sammelt sich Krempel an; dort, wo Krempel herumliegt, ist das ein untrügliches Zeichen dafür, dass Energie sich staut.

Auf eines sollten wir allerdings achten: Wenn wir unsere Aufgaben in einer Art Überreaktion (weil wir ganz plötzlich zornig darüber werden, dass wir sie schon so lange liegen gelassen haben) furchtbar schnell erledigen, die Dinge, die unser Leben „zumüllen", zu schnell loswerden, ist das auch nicht gut. Denn dadurch kommt eine andere Art von Störung zustande: Die Arbeiten sind dann zwar auf den ersten Blick abgehakt, aber da sie nicht ordentlich erledigt wurden, sind sie in Wahrheit unerledigt. Dann quälen sie uns weiter, unterbewusst. Wir sollten darauf achten, dass es nicht zum Stau kommt. Wir müssen die Arbeiten in vernünftiger Zeit erledigen, damit wir sie nicht später, unter Zeitdruck, zu schnell und zu hastig durchführen und dadurch gar nichts zu einem erfolgreichen Abschluss bringen. Zu schneller Fluss bedeutet nämlich ungenützte, verschwendete Energie.

Welche Gründe gibt es noch, warum wir regelmäßig entrümpeln sollten? Aus der Gestalttherapie kennen wir den Begriff der „offenen Kreise". Damit ist gemeint, dass Dinge, die unerledigt sind, wie unvollendete Kreise, wie unabgeschlossene

Geschichten wirken, die wir permanent mit uns herumschleppen – bis wir sie endlich schließen. Erst dann können wir sie ablegen. Ich habe oft mit der Hospizbewegung und Menschen im palliativmedizinischen Bereich zu tun. Das sind jene Menschen, die eine schwere, unheilbare Krankheit haben und keine heilenden, sondern schmerzlindernden Behandlungen erhalten. Auf meine Frage an die in diesem Feld Tätigen, was Sterbende in ihren letzten Monaten, Wochen, Tagen tun, bekam ich eine überraschende Antwort. Ich dachte, vielleicht machen sie noch einmal einen schönen Urlaub, genießen ihre letzten Stunden intensiv. Aber das ist nicht der Fall. Sterbende räumen auf, schließen offene Kreise, entschuldigen sich für begangene Fehler und Verletzungen, bedanken sich für schöne Dinge oder Erlebnisse, bringen unbeendete Geschichten, vielleicht Streitereien, die sie mit Familienangehörigen oder Freunden hatten, zu einem Ende. Sie geben Dinge zurück, die sie sich ausgeborgt haben, bezahlen offene Rechnungen, schreiben ihr Testament, organisieren alles für ihre Familie, damit diese nach ihrem Tod möglichst wenig Probleme hat.

Ich habe eine Ausbildung in geistlicher Begleitung bei Pater Dr. Johannes Pausch vom Europakloster Gut Aich in Sankt Gilgen am Wolfgangsee gemacht. Eines Tages habe ich Pater Johannes gefragt: „Wie machen das eigentlich die Mönche? Wie beenden die ihren Tag, damit alles abgeschlossen, nichts offen ist? Wie entrümpelt ein

Mönch?" Pater Johannes hat mir erzählt, dass er und seine Mitbrüder jeden Tag gleichsam mit einem Selbstgespräch beenden. Sie reflektieren die hinter ihnen liegenden Stunden und alles, was sie getan und erlebt haben, in Form einer Gewissenserforschung. Kritisch befragen sie sich selbst: Habe ich all das zum Abschluss gebracht, was ich mir für den heutigen Tag vorgenommen hatte? Warum habe ich dies oder jenes nicht fertiggebracht? Was ist mir gelungen, worauf kann ich stolz sein? Wenn Pater Johannes einen unausgesprochenen Groll, einen unbeendeten Konflikt hat, schreibt er vor dem Zubettgehen noch schnell ein Kärtchen an diejenige Person, mit der er sich zerstritten hat. Er wartet nicht bis zum nächsten Tag, schiebt die Sache nicht vor sich her. Noch am Abend schreibt er ein Entschuldigungskärtchen. Sie kennen bestimmt den Spruch:

„Ein gutes Gewissen ist ein sanftes Ruhekissen."

Noch ein paar gute Gründe, zu entrümpeln: Krempel hält die Vergangenheit fest. Mit Sicherheit sind Sie schon einmal zu Gast bei einem Verwandten, Freund, Arbeitskollegen gewesen und haben sich beim Betreten der Wohnung gedacht: Wow, das ist ja ein richtiges Museum! Was da alles herumsteht! Leider vermitteln viele Wohnungen und Häuser tatsächlich das Gefühl, man wäre Besucher in einem billigen Museum. Ich sage bewusst: billiges Museum, denn ich habe prinzipiell nichts gegen Museen, ganz im Gegenteil. Es ist äußerst wichtig, dass wir unsere Vergangenheit kennen, um zu verstehen, wer wir gegenwärtig sind. Aber jene, die sich nur mit alten Dingen umgeben, klammern sich (verzweifelt) an die Vergangenheit, an vermeintlich bessere frühere Zeiten. Sie suchen Halt und glauben, ihn nur hinter sich zu finden. Loslassen ist in so einem Fall dringend angesagt. Nur wer sich von zu viel Vergangenheit frei machen kann, kann ein erfülltes Jetzt leben und den Blick nach vorne, in die eigene Zukunft richten.

Manchmal muss man die schönen, ehemals wichtigen, weil hilfreichen Dinge frei geben – um noch schönere, sinnvollere ergreifen zu können. Dazu möchte ich Ihnen eine kurze Geschichte erzählen: Ein Mann lebte an einem Fluss. Jeden Tag ging er zum Ufer dieses Flusses und blickte sehnsüchtig auf die andere Seite. Dort drüben, so schien es, war alles viel grüner, frischer. Die Blumen blühten, Obstbäume voller Früchte wuchsen in den Himmel, wunderschöne Tiere liefen herum. Der Mann beschloss also, ein Floß zu bauen, um ans andere Ufer überzusetzen. Gesagt, getan. Er fällte Bäume, schnitt die Äste ab, band die einzelnen Stämme in mühevoller Arbeit zusammen und schnitzte sich ein Paddel. Als das Floß nach vielen Stunden endlich fertig war, ließ er es zu Wasser und ruderte zur anderen Seite. Dort angekommen, stieg er aus dem Wasser. Alles war so, wie er es sich vorgestellt hatte: das reinste Paradies. Nie mehr würde er an die andere Seite des Flusses zurückkehren. Das stand für ihn fest. Was aber sollte er nun mit seinem Floß anstellen? Es hatte ihm wertvolle Dienste geleistet, indem es ihn in eine neue Welt, in ein wunderbares neues Leben getragen hatte. Außerdem hatte er sich die Hände wund geschuftet, als er es zusammengebaut hatte. Er brachte es nicht über sich, das Floß am Ufer liegen zu lassen. Daher band er es sich mit Seilen auf den Rücken und schleppte es fortan mit sich herum auf dem Weg durchs Land.

Viele Dinge hatten einmal großen Nutzen für uns – zu anderen Zeiten und in anderen Situationen. Das heißt aber nicht, dass wir sie auch heute noch brauchen. Wir sollten uns bei allen diesen Gegenständen, aber auch Gefühlen und Gedanken die kritische Frage stellen, ob sie auf unserem weiteren Lebensweg tatsächlich hilfreich sein können oder ob sie unsere Reise vielleicht doch nur behindern.

Gerümpel lässt uns zaudern, verführt uns zu etwas, das ich gerne als „Aufschieberitis" bezeichne. Alle Krankheiten, die auf „-itis" enden, sind entzündliche Erkrankungen, deren Folgen schwer abzusehen sind und die vielleicht sogar zu chronischer Krankheit führen können. Das Gleiche trifft leider auch auf Gerümpel zu. Wenn es zu lange herumliegt, lernen wir, mit dem Aufschieben zu leben. Es fällt uns von Tag zu Tag immer schwerer, den Krempel wegzuschaffen. Auch das Umgekehrte trifft zu: Zauderer tun sich schwer damit, Gerümpel loszulassen. Nicht getroffene Entscheidungen können wir nicht bereuen, da wir dabei in Gefahr kommen, einen Fehler zu begehen. Aber auch nicht getroffene Entscheidungen belasten, da sie – denken Sie an die unfertigen Kreise zurück – wie eine offene Wunde sind, die nicht heilen will. Wer zu viel Gerümpel herumliegen hat, wird von dessen Anblick schier erdrückt. Er wird lethargisch, depressiv, müde; jede kleinste Veränderung, jeder minimale Schritt, sich von diesem Müll zu trennen, erscheint ihm wie eine Tour auf den Gipfel des Mount Everest: unmöglich.

Ein notwendiger Grund zum Entrümpeln ergibt sich spätestens dann, wenn sich Gäste angekündigt haben. Wenn Ihre Besucher das Haus oder die Wohnung betreten und ihre Augenbrauen erstaunt, wenn nicht sogar schockiert nach oben ziehen, dann, ja dann ist Ihnen das bestimmt peinlich. Oder lässt Sie das wirklich kalt? Kürzlich traf ich eine „Entrümpelungsexpertin". Einer ihrer Lieblingstricks, Klienten dazu zu bringen, wenigstens ab und zu aufzuräumen, sieht so aus: Sie lädt sich selbst zu ihren „Sorgenkindern" ein. Die sind dann gezwungen, zumindest vor ihrem Besuch wieder einmal so richtig Ordnung zu schaffen.

Ich habe vorhin von den so genannten „Leertischlern" gesprochen. Nun möchte ich eine kleine Korrektur anbringen: Das Wegräumen – nach dem Motto „Aus den Augen, aus dem Sinn" – darf nicht der Weisheit letzter Schluss sein. Es kann sich dabei bestenfalls um eine Zwischenlösung handeln. Irgendwann müssen die Dinge endgültig erledigt oder entsorgt werden. Einer meiner ehemaligen Klienten, ein Lebensmittelhändler, hatte seinen Tisch permanent voller Unterlagen. Da er auch über eine große Zahl von Bananenkisten verfügte, schlug ich vor, er solle den gesamten Krimskrams vom Tisch räumen und in den Bananenkisten verstauen. Die könne er ja – vorübergehend – neben dem Schreibtisch stehen lassen, das, was er für die jeweilige Arbeit benötigte, herausnehmen und anschließend wieder in die entsprechende Kiste zurücklegen. Im Laufe der Zeit sollte er diejenigen Kisten, aus denen er niemals etwas entnimmt, Stück für Stück durchsehen und dann wegwerfen. Ganze vier Jahre standen die Kisten neben seinem Schreibtisch, ohne dass der Lebensmittelhändler jemals etwas herausgenommen und verwendet hätte. Ich hatte gehofft, er würde sie auf den Müll werfen. Nein, er hat sie – eine nach der anderen – in den Keller getragen. Mittlerweile ist er leider verstorben. Ich fürchte, die Kisten stehen noch immer in seinem Keller, falls seine Hinterbliebenen sie nicht weggeworfen haben.

Warum fällt uns das Entrümpeln so schwer?

Entrümpeln ist eine hochemotionale Sache. Jetzt lachen Sie vielleicht. Aber ich meine das durchaus ernst. Denken Sie darüber nach, wie viel Überwindung es Sie kostet, alte Dinge wegzuwerfen, von deren Existenz Sie gar nicht mehr wussten, bis Sie diese durch Zufall in irgendeiner Schreibtischlade oder einer Schachtel auf dem Dachboden wiederentdecken. Warum sind all diese Gegenstände dann überhaupt dort gelandet? Irgendwann einmal haben wir jedes dieser Dinge in Händen gehalten und gedacht: Momentan brauche ich dich nicht, aber dich wegzugeben, bringe ich nicht übers Herz. Du erinnerst mich an diesen oder jenen Menschen, an eine bestimmte Zeit, die schön und wichtig für mich war. Wegwerfen sollte man gar nichts, dachten wir damals vielleicht, denn alles kann man irgendwann einmal wieder brauchen. Und würden wir es jetzt entsorgen, so könnte uns das einmal leidtun.

Machen wir uns nichts vor: Aufräumen ist eine unangenehme Angelegenheit. Es gibt tatsächlich unterhaltsamere und spannendere Tätigkeiten, als die Wohnung, das Haus, das Büro zu entmisten. Trotzdem ist es notwendig. Es gibt viele Pflichten, denen wir ganz einfach nicht entkommen, obwohl sie lästig sind. Zum Beispiel finde ich die Tatsache, dass ich mich jeden Tag rasieren muss, ziemlich mühsam. Klar, an manchen Tagen macht das Rasieren sogar Spaß. Ich fühle mich anschließend frisch, sauber, vorbereitet auf die Aufgaben, die vor mir liegen. Wenn ich mich zum Ausgehen fertig mache, etwa für einen Theater- oder Konzertbesuch, ist mir das Rasieren weniger lästig, als wenn ich einen Pflichttermin zu absolvieren habe, für den es erforderlich ist, „gepflegt" zu erscheinen. Zähneputzen ist auch so eine Sache. Wir putzen uns die Zähne, um sie wenige Stunden später, nachdem wir gegessen und getrunken haben, wieder putzen zu müssen. Ein niemals enden wollender, mühsamer Kreislauf des Reinigens und Ordnens unseres Äußeren und der anschließenden Neuverschmutzung. Nägel- und Haareschneiden gehören auch zu diesen immer wiederkehrenden Pflichten. Ich kenne niemanden, dem diese Verrichtungen allzu große Freude bereiten. Und doch: Wir entkommen ihnen nicht, wollen wir keinen ungepflegten oder gar verwahrlosten Eindruck bei anderen hinterlassen. Und wenn wir die Mühe dieser täglichen Rituale auf uns nehmen, ohne uns zu sehr den Kopf über ihre Lästigkeit zu zerbrechen, fühlen wir uns anschließend auf jeden Fall wohler.

Ein Trick besteht darin, diese Tätigkeiten, die wir als Kinder oder Jugendliche irgendwann einmal erlernt haben, so zu automatisieren, sie so in Fleisch und Blut übergehen zu lassen, dass sie gleichsam von selbst passieren, dass wir sie einfach tun, ohne darüber nachzudenken.

Genauso sinnvoll wäre es, wenn wir ordnende Tätigkeiten ritualisieren: einmal pro Tag den Mistkübel ausleeren; einmal pro Woche Schreibtisch, Regale, Ablagen entrümpeln; Unterlagen, die schon mehrere Tage, wenn nicht Wochen herumliegen, entweder ablegen (falls wir sie tatsächlich noch einmal benötigen) oder in den Mistkübel werfen. Nur so kann das Ordnunghalten zu einem fixen Bestandteil unserer Persönlichkeit werden.

Ich habe bereits erwähnt, dass das „Ent-sorgen" von Gerümpel uns von Sorgen befreit. Eine Ursache dafür, dass es uns gar so schwerfällt, diesen notwendigen Reinigungsprozess in Gang zu setzen, ist unsere Angst vor dem unwiederbringlichen Verlust. Etwas aufheben bedeutet, sich seiner sicher zu sein. Die Vorstellung, es nie wieder zu bekommen, wenn der unwahrscheinliche Fall eintreten sollte, dass man es doch noch einmal benötigt, ist quälend. Die imaginierte Trauer und Reue, die uns später einmal überfallen könnten, wollen wir um keinen Preis erleben, und darum beugen wir vor, indem wir uns gar nicht erst der Gefahr aussetzen, auch nur ein einziges Stück zu vermissen. Wir müssen zunächst einmal lernen, die Angst loszulassen, bevor wir die Gegenstände selbst loslassen können.

„Bei dir schaut's aber aus!"

Was für ein Saustall! Seien Sie ehrlich: Das haben Sie sich bestimmt schon das eine oder andere Mal gedacht, als Sie irgendwo zu Besuch waren. Glauben Sie mir: Der umgekehrte Fall ist sicher auch schon vorgekommen. Ihre Familienangehörigen, Freunde, Arbeitskollegen kamen zur Tür herein, sahen sich kurz um und – hüllten sich in Schweigen. Gott sei Dank sind wir so gut erzogen! Beleidigungen gleich zu Beginn eines Zusammentreffens sind unsere Sache nicht. Aber wenn die Formalitäten ausgetauscht sind und sich Nähe eingestellt hat, kann das Herz nicht mehr lange verbergen, was den Augen kaum entgeht. „Sag, findest du die Dinge, die du suchst, eigentlich?", klingt zwar wie eine Frage, ist aber nichts anderes als eine Feststellung: „Bei dir schaut's aber aus! Ich würde hier bestimmt nichts finden!"

Wenn Ihr Partner Sie liebt, wird er es subtiler angehen und – geteiltes Leid ist halbes Leid – zum gemeinsamen Kampf gegen die selbst verschuldete Unübersichtlichkeit aufrufen: „Schatz, was hältst du davon, wenn wir mal wieder ein bisschen ausmisten?" Putzen zu zweit hat jedenfalls wesentlich mehr Charme als missmutige, ordnungswütige Alleingänge. Vielleicht ergibt sich für Ihre bessere Hälfte aber auch die Möglichkeit, den Finger auf akute Wunden zu legen und im passenden Moment auf Missstände im Reich der Ordnung hinzuweisen. Sie sind gerade wieder einmal auf der Suche nach Ihrem Haustürschlüssel, Ihrem Lieblingshemd, der Theaterkarte – vergeblich, denn das Chaos, Ihr Chaos, stellt sich Ihnen erbittert in den Weg. „Liebling, hast du vielleicht meine Schlüssel gesehen?", lautet der verzweifelte Hilferuf, der sich in solch einer Situation mit dem leichten Unterton schlechten Gewissens Ihrer Kehle entwindet. Und da wittert Ihr Gegenüber auch schon die große Chance, Ihnen endlich einmal – liebevoll, aber bestimmt – die Leviten zu lesen: „Mein lieber Mann, nein, ich weiß nicht, wo du deine Schlüssel versteckt hast!" („Versteckt" ist insofern gefinkelt, als Sie die Schlüssel sicher nicht direkt, also absichtlich, versteckt haben; indirekt ist dies aber doch der Fall, denn durch das systematische Aufrechterhalten eines gepflegten Zustands der Unordnung haben Sie sich redlich Mühe gegeben, dass die Schlüssel Unterschlupf im Chaos finden konnten.)

Jetzt sind Sie geknickt, zumindest aber Ihr Haupt ist gebeugt, und Sie gestehen sich das ein, was Sie schon vorher – unbewusst – geahnt hatten: kein Wunder, dass ich bei all der Unordnung nichts mehr finde. Es wird wohl Zeit, mal wieder aufzuräumen.

„Das Äußere ist ein Ausdruck des Inneren", sagte einst ein weiser Mann, und wahrscheinlich hatte er Recht damit. Bevor wir uns aber den inneren Chaos-Werten zuwenden, wollen wir einen Blick auf die verstellte Sicht werfen, an der wir in Haus und Hof und – wenn wir zumindest diesbezüglich konsequent sind – auch an unserem Arbeitsplatz leiden.

Suchen ist – mit einer Ausnahme: Sie spielen Verstecken mit Ihren Kindern – keine besonders lustige Angelegenheit. Denn erstens ist es mühsam, und zweitens brauchen wir den Gegenstand, auf dessen Fährte wir uns heften, in diesem Moment gerade dringend, andernfalls würden wir uns ja gar nicht auf die Suche danach machen.

Ordnung fängt zuhause an

Sehen wir uns einmal genauer an, was bei uns zuhause so alles im Weg herumsteht und -liegt und wie wir es möglichst effizient und nachhaltig loswerden können.

Lesen Sie gerne? Gut so! Denn Lesen bildet und schafft, wenn man es regelmäßig betreibt, eine gewisse Ordnung im Kopf. Wenn Sie mehr Bücher Ihr Eigen nennen, als Sie bei nüchterner Betrachtung in den nächsten 100 Jahren lesen könnten, sollten Sie ernsthaft überlegen, sich wenigstens von einigen davon zu trennen. Ich selbst liebe Bücher, keine Frage. Deshalb fällt mir der Abschied von jedem einzelnen Buch unendlich schwer. Um 20 Bücher auszumisten, benötige ich einen ganzen Nachmittag. Aber ich weiß selbstverständlich, dass ich nicht alles lesen kann, was auf den Markt kommt; nicht einmal all das, was ich gerne lesen würde. Etwa 90.000 neue deutschsprachige Bücher erscheinen jedes Jahr (Übersetzungen aus anderen Sprachen inklusive) – eine zu große Menge, um auch nur halbwegs mit dem Lesen nachzukommen.

Ein Trick, Bücher ohne Wehmut wegzugeben, besteht darin, sie zu verwerten; das heißt, wie das Wort schon andeutet: ihnen Wert zu geben. Wegwerfen wäre Verschwendung, Zerstörung von etwas, das anderen Menschen noch zum Nutzen gereichen könnte. Daher macht es Sinn, wenn Sie diejenigen Folianten, die Sie aussieben, an Verwandte, Freunde, Arbeitskollegen weiterreichen. Dabei könnten Sie eine interessante Variante ausprobieren, die Ihr Buch mit Persönlichkeit versieht. Ich spreche vom so genannten „Wanderbuch" (auch wenn ich mir – in meiner Eigenschaft als Verleger – damit ein kleines Eigentor schieße). Ein Manager hat mich auf die Idee gebracht. Dazu schreiben Sie einfach auf die erste Innenseite „Wanderbuch", darunter setzen Sie Ihren Namen. Nach Lektüre reichen Sie das Druckwerk weiter. Der nächste Leser setzt seinen Namen unter Ihren und schenkt das Buch ebenfalls weiter. So wandert es durchs Land, vielleicht sogar rund um den Globus.

Vielleicht wollen Sie ja sogar mit anderen „Wanderbuch"-Lesern in Kontakt treten und sich über die Inhalte des Buches austauschen? Dann könnten Sie zum Beispiel Ihre E-Mail-Adresse eintragen und zu schriftlichem Feedback einladen. Wer weiß, welche spannenden Unterhaltungen sich daraus ergeben.

Auch Büchereien oder uneigennützige Vereine freuen sich über Bücherspenden. So bleiben Ihre Exemplare am Leben und können Freude und Bildung verbreiten.

Herschenken ist nicht Ihr Ding, zumindest nicht im großen Stil, weil sie ja vorzeiten ziemlich viel Geld für die Schwarten ausgegeben haben? Dann versuchen Sie doch etwas anderes: Packen Sie Ihr gedrucktes Hab und Gut und tragen Sie es zum Flohmarkt! Dort verkaufen Sie es dann zu einem minimalen Preis. Ich habe übrigens eine interessante Erfahrung diesbezüglich gemacht. Wir hatten Bücher aussortiert und wollten Sie verschenken. Wir befüllten eine Wühlkiste und klebten einen Zettel darauf: „Gratis-Bücher". Nach mehreren Stunden war die Kiste noch immer nahezu voll. Erst als wir den Zettel abnahmen und einen neuen befestigten, gingen die Bücher weg wie die sprichwörtlich warmen Semmeln. Was glauben Sie, stand auf dem neuen Zettel? „Bücher – pro Stück nur 1 Euro." Wenn etwas nichts kostet, denken die meisten Menschen, es sei nichts wert. Unsere Gier auf Schnäppchen hingegen ist unersättlich. Wenn wir also zahlen müssen, der Preis aber mehr als fair ist, schlagen wir gierig zu und freuen uns über das gute Geschäft.

Ähnlich können Sie auch mit Zeitschriften verfahren. Vielleicht gehören Sie ja zu der Art Mensch, die alle möglichen Abonnements haben oder hatten, und in Schränken oder Kartons stapeln sich ganze ungelesene Jahrgänge dieser Magazine, weil Sie annehmen, die Ausgaben doch noch irgendwann einmal zu lesen. Vergessen Sie es! Sie werden die Hefte nie wieder zur Hand nehmen. Glauben Sie mir, ich weiß, wovon ich spreche. Ich hatte ein Abo 25 (!) Jahre lang laufen und kam mit dem Lesen der einzelnen Ausgaben nicht mehr nach. Aus schlechtem Gewissen, denn in Summe waren diese Zeitschriften natürlich teuer gewesen, habe ich sie aufgehoben und mir eingeredet, der Tag würde kommen, an dem ich sie wieder durchblättere. Natürlich ist das nie passiert.

Was tun mit den alten Zeitschriften, wie kann man Ihnen (siehe Bücher) einen Wert geben, anstatt sie durch gezielten Wurf in die Mülltonne ein für alle Mal jeder Möglichkeit einer Verwertung zu berauben? Nehmen Sie einzelne Exemplare mit zum Arzt und legen Sie diese im Wartezimmer ab (vielleicht sollten Sie zur Sicherheit vorher mit der Sprechstundenhilfe sprechen, bevor Sie Ihre Aktion starten). Oder aber Sie verschenken die Zeitschriften an Büchereien, Altersheime, Krankenhäuser. Ich habe einmal einen Verleger kontaktiert und ihm vorgeschlagen, er könnte ein Inserat schalten: Vielleicht gibt es ja Menschen, die auf der Suche nach einzelnen Ausgaben oder sogar ganzen Jahrgängen sind und diese gratis bei mir abholen möchten. Er ist darauf eingestiegen und ich bin einige meiner Hefte losgeworden!

Ein anderer Vorschlag: In Deutschland gibt es Antiquariate, die auf Zeitschriften spezialisiert sind, möglicherweise gibt es so etwas mittlerweile auch in Österreich. Erkundigen Sie sich! Wenn Sie einzelne Artikel aus den gesammelten Magazinen lesen wollen und die Ausgaben deshalb so lange aufgehoben haben, legen Sie Mappen oder Ordner an. Schneiden Sie die Artikel aus oder reißen Sie die entsprechenden Seiten heraus. Legen Sie die Artikel alphabetisch nach Thema ab, dann finden Sie diese bestimmt jederzeit schnell wieder. Diejenigen Artikel, die nicht bloß aus einmaliger Wissbegier interessant für Sie sind (also etwa irgendwelche Basteltipps oder mietrechtliche Ratschläge) können Sie ja aufheben; für alle Übrigen gilt: lesen, herschenken oder wegwerfen. Denn sonst stapeln sich bald unzählige Ordner in jenem Regal, wo sich vor nicht allzu langer Zeit noch die Magazine türmten.

Sollte sich das Verwerten als zu umständlich herausstellen (weil Sie zum Beispiel über so viele Bücher- oder Zeitschriften-Jahrgänge verfügen, dass der Versand zu viel Geld und Zeit kosten würde), nehmen Sie allen Mut zusammen, gehen Sie in den Keller und öffnen Sie die Altpapiertonne.

Selbsterziehung zur Ordnung kann manchmal auch über schmerzvolle Erfahrungen führen.

Apropos „unentbehrlich": Wenn Sie ein Günstling des Schicksals sind und sich eine Bücherei in Ihrer unmittelbaren Nähe befindet, verschenken Sie die Bücher doch einfach dorthin. Sie haben endlich wieder Platz in Ihrer Wohnung und zugleich einen angenehmen Nebeneffekt: Sollten Sie eines der Bücher wieder einmal lesen wollen, gehen Sie einfach in die Bücherei und borgen es sich aus!

Wenn Sie erst einmal Dinge entsorgt (oder für andere Menschen verwertet) und dadurch eine hübsche Stange Geld „verschenkt" haben, wird Ihnen eine wichtige Erkenntnis dämmern; falls nicht, möchte ich Sie Ihnen verraten: Erfolgreiches Entrümpeln beginnt schon beim Einkaufen! Jetzt schmunzeln Sie vielleicht, aber ich meine es ernst. Wenn Sie die Erfahrungen von Einkäufen, die sich im Nachhinein als sinnlos herausgestellt haben, immer abrufbereit in Ihrem Gedächtnis mit sich führen, sparen Sie viel Geld. Sie stehen also in Ihrer Lieblingsbuchhandlung und denken: Dieses Buch muss ich unbedingt haben! Dann erinnern Sie sich an die 20 Bücher, die Sie im letzten Monat verschenken mussten, und schon sieht Ihr Gedankengang etwas anders aus: Muss ich dieses Buch wirklich unbedingt haben? Schon sitzt die Brieftasche um ein gutes Stück weniger locker. Außerdem sollten Sie es sich zur Angewohnheit machen, beim Erstbesuch der Buchhandlung (es sei denn, diese befindet sich in einer fremden Stadt und Sie sind den letzten Tag dort) Bücher, die Ihnen ins Auge springen, nicht gleich zu kaufen. Nehmen Sie ein Notizbuch zur Hand und notieren Sie Titel und Name des Autors. Dann lassen Sie zumindest einen Tag und eine Nacht verstreichen. Sollten Sie dann noch immer fest davon überzeugt sein, dass dieses eine Buch unbedingt in Ihr Regal muss: Kaufen Sie es (oder fragen Sie doch lieber vorher in der Bücherei nach, ob die es nicht lagernd hat). Zu oft erliegen wir unseren ersten Impulsen und kaufen Dinge, die wir überhaupt nicht brauchen. Noch etwas: Kaufen Sie Bücher nicht nur nach Titel und Autor (es sei denn, Sie haben bereits andere Bücher desselben Verfassers gelesen und wissen, dass er Ihnen liegt). Es ist klüger, zuerst ein paar Seiten zu lesen, um herauszufinden, ob Ihnen der Stil wirklich liegt. Ein Buch mag ein noch so spannendes Thema zum Inhalt haben, wenn Sie mit dem Stil nicht auf Du und Du kommen können, werden Sie es kaum bis zu Ende lesen – wozu es also überhaupt kaufen?

„Einer kommt, einer geht" ist ein guter Ansatz, um die Fluktuation von Gegenständen zu gewährleisten. Mag sein, Sie haben noch viel Platz im Regal. Aber die Einstellung, vor jedem Neukauf ein altes, gelesenes Buch, ein altes nicht mehr verwendetes Kleidungsstück, ein Spielzeug wegzugeben, macht wirklich Sinn. Erklären Sie Ihren Kindern, die Sie um ein neues Auto, eine neue Puppe anflehen, dass Sie zuerst gemeinsam eine Wahl treffen: Ein

Spielzeug muss sich verabschieden, bevor ein neues das Haus betritt. Sollte diese Erziehungsmaßnahme greifen, müssen Sie allerdings mit gutem Beispiel vorangehen!

Stichwort „Kleider": Jeder Mensch hat seine absoluten Lieblingsstücke. Mir geht es da nicht anders. Die meisten Menschen tragen 20 Prozent ihrer Textilien 80 Prozent der Zeit. Wenn es ginge, würden wir in unseren Favoriten sogar schlafen. Tatsache ist: Auch der größte Kleiderschrank, die dickste Kommode stoßen irgendwann an die Grenzen ihrer Befüllbarkeit. Halten Sie es daher beim Wäschekauf so wie bei dem der Spielzeuge für Ihre Kinder: Haben Sie sich in ein neues Sakko, ein Kleid, was auch immer verliebt, trennen Sie sich zuerst von einem Stück, das Sie sowieso nie tragen. Schenken Sie es Freunden mit der gleichen Konfektionsgröße oder tragen Sie es zur Altkleidersammlung. Damit verwerten Sie es, denn es kommt Menschen zugute, denen es nicht so gut geht wie Ihnen und die sich bestimmt darüber freuen.

Wenn es Kleider in Ihrem Kasten gibt, die Sie nie tragen, sich aber trotzdem nicht von ihnen trennen können, sollten Sie Ihre Motive analysieren. Ich hatte einst eine Weste, es war meine Lieblingsweste. Dennoch trug ich sie fast nie. Warum? Weil ich nach kurzer Zeit des Tragens zu schwitzen begann. Ich konnte sie also gar nicht benützen. Warum war es dann meine Lieblingsweste? Wie konnte sie dazu werden? Das gute Stück war ziemlich teuer, gekauft habe ich es in einem sehr guten Geschäft. Sowohl die Verkäuferin als auch meine Frau haben mich darin bestärkt, die Weste zu erwerben. Beide haben mir in den buntesten Farben geschildert, wie gut die Weste mir stehen würde. Ich selbst gefiel mir darin natürlich auch. Mittlerweile achte ich darauf, dass Kleider mir nicht bloß optisch gut gefallen. Sie müssen auch anderen Kriterien entsprechen, also etwa aus dem richtigen Material sein, damit ich in ihnen nicht schwitze.

Aus den Augen, aus dem Sinn?

Ich habe es schon gesagt: Dinge aus dem Blickfeld zu entfernen, mag vorübergehend helfen, auf die Dauer handelt es sich dabei aber nur um Verdrängung. Kürzlich sagte ich zu meiner Frau: „Ich werde diese Gegenstände in den Keller bringen." Sie antwortete: „Wenn du das in den Keller trägst, kannst du es auch gleich wegwerfen." Sie hatte Recht. Mag sein, dass ich mein Gewissen beruhigt hätte, mein Ordnungsproblem (eigentlich: Unordnungsproblem) wäre dadurch nicht gelöst worden. Ein Freund, der seit Jahren erfolgreich diese Taktik des Selbstbetrugs anwendet, erzählte mir, dass er früher eine kleine Wohnung gehabt hatte. Jetzt wohnt er in einem Haus – mit fünf Kellerräumen. Alle sind vom Boden bis zur Decke gefüllt. Es scheint, dass leere Räume dazu einladen, sie vollzuladen.
Sie haben bestimmt schon öfters in Hotels

gewohnt. Dann kennen Sie auch die kleinen (Probe-)Fläschchen mit Shampoo, Körperlotion, die kleinen Seifenportionen und so weiter. Ich neige dazu, bei jedem Hotelaufenthalt kurz vor der Abreise meine Toilette-Tasche mit diesen Mini-Fläschchen vollzustopfen – die sind ja so praktisch! Unser Badezimmerschrank besteht aus zwei Hälften: Die eine beinhaltet die Wasch- und Pflegeutensilien der Familie. Die andere Hälfte ist ein Warenlager für solche Probepackungen. Es fiel mir sehr schwer, mich Stück für Stück von ihnen zu trennen, am liebsten hätte ich mir zehnmal am Tag die Hände gewaschen, um sie nur ja verbrauchen zu können, anstatt sie wegzuwerfen. Da ich – Gott sei Dank! – nicht unter einem Waschzwang leide, habe ich mich doch von ihnen getrennt, sie weggeworfen oder hergeschenkt. Die meisten zumindest – eine Handvoll Fläschchen steht immer noch im Schrank. Ich schaffe es nur in Etappen. Jede Woche schleudere ich ein, zwei dieser Dinger in hohem Bogen in die Tonne und flüstere mir dabei selbst mein Mantra der Gerümpelvermeidung zu: „Bitte, bitte, bitte nimm keine neuen mehr mit beim nächsten Hotelbesuch!"

Es gibt auch Menschen, die Zahnpastatuben, Wattestäbchen, Klopapier horten. Ich kenne tatsächlich Zeitgenossen, die bis zu 25 Tuben im Kasten liegen haben. Es ist schon klug, einen gewissen Vorrat anzulegen, keine Frage. Aber wenn Sie eine Tube Zahnpasta in Gebrauch haben, sollte es eigentlich ausreichen, eine zweite im Vorratsschrank aufzubewahren. Erst wenn Tube Nummer eins leer ist und durch Tube Nummer zwei ersetzt werden muss, ist der Zeitpunkt gekommen, die nächste zu kaufen.

Beim Anlegen von Lebensmittellagern gilt das Gleiche: Zwar ist uns ein gewisser Sammeltrieb sinnvollerweise angeboren, damit wir (siehe Eichhörnchen!) gut über den Winter kommen. Auch mögen der nächste Krieg und die damit verbundene Nahrungsmittelknappheit schneller kommen als erwartet. Aber im Zeitalter von Radio und Fernsehen (das zugleich auch das Zeitalter der flächendeckenden Nahversorgung ist) werden wir es bestimmt rechtzeitig erfahren und entsprechend handeln. Sie brauchen also nicht schon jetzt auf die Möglichkeit eines solchen Ausnahmezustandes hin Paletten von Dosengemüse, Stapel von Mehl-, Salz- und Zucker-Packungen und Kisten voller Haltbarmilch einlagern. Überlegen Sie in Ruhe, wie viel der einzelnen Lebensmittel Sie pro Woche brauchen. Vielleicht machen Sie sich Notizen. Wenn Sie pro Woche drei Liter Milch konsumieren, dann achten Sie darauf, dass immer drei Liter im Kühlschrank stehen. Für die übrigen Nahrungsmittel gilt das Gleiche. Damit fahren Sie gut und werden bestimmt nicht verhungern. Im absoluten Notfall, sollte Ihnen wirklich einmal am Sonntagmorgen die Milch zum besten Kaffee der Woche ausgehen, läuten Sie beim Nachbarn, falls Sie ihn kennen. Und wenn nicht, wäre das die perfekte Gelegenheit, ihn kennen zu lernen.

Da wir gerade bei den Lebensmitteln sind: Die Küche ist ein Platz, an dem Ordnunghalten aus mehreren Gründen notwendig ist. Erstens einmal wollen wir unsere Kochutensilien schnell bei der Hand haben, wenn uns der Hunger packt. Zweitens sollte es in der Küche so ordentlich und sauber aussehen, dass er uns nicht gleich wieder vergeht. Und drittens haben Aufräumen und Saubermachen an diesem Platz ganz besondere hygienische Bedeutung. Leeren Sie die Bestecklade ab und zu aus und putzen diese anschließend? Oder nehmen Sie Messer, Gabeln und Löffel nur heraus, wenn Sie sich zu Tisch begeben, und legen diese wieder in die Lade zurück, wenn sie frisch aus dem Geschirrspüler kommen? Wenigstens einmal alle paar Monate wäre es sinnvoll, alle Regale und Laden, den Kühlschrank sowieso zu entleeren und zu putzen. Anschließend können Sie all den Tassen und Töpfen gleich wieder eine neue Ordnung geben. Keine Angst: Diese Gegenstände werden mit der Zeit wie von selbst wieder in einen Zustand maximaler Unordnung übergehen. Wenn Sie die Kochgerätschaften wieder zurück an ihren Platz räumen, können Sie sich gleich die Frage stellen: Brauche ich dieses Ding eigentlich? Falls das nicht zutrifft, schenken Sie es her. Falls Sie das eine oder andere Teil zwar benötigen, aber nur selten zur Hand nehmen, teilen Sie ihm einen Platz zu, der weniger prominent ist. Die elektrische Saftpresse muss nicht wertvolle Stellfläche in leicht erreichbarer Höhe Ihres Küchenregals belegen, wenn sie nur einmal alle drei Monate zum Einsatz kommt.

Was machen mit all dem Krimskrams, der ungeordnet sein anonymes Dasein in diversen Schubladen, Kästen, Abstellräumen fristet? Elektronische Geräte, alte Brillen, Fahrräder, die niemand mehr benützt, Gartengeräte und Ersatzteile für Dinge, die Sie gar nicht mehr besitzen: weg damit!

Fotos sind eine ganz eigene Sache: Wenn es Ihnen schwerfällt, sich davon zu trennen, kann ich Sie gut verstehen. Mit Fotos verbinden wir meistens schöne Erlebnisse – sonst hätten wir seinerzeit kaum den Auslöser unserer Kamera betätigt (obwohl manche davon uns vielleicht an einen Menschen erinnern, von dem wir uns im Streit getrennt haben). Sie brauchen diese Bilder nicht zu entsorgen. Mein Vorschlag: Schreiben Sie ein paar nette Zeilen auf die Rückseite, kleben Sie eine Marke darauf und schicken Sie die Fotos an Freunde (zum Beispiel als Geburtstagskarte) oder senden Sie diese an Menschen, die auf dem Foto zu sehen sind. Ob die das Bild dann aufheben oder wegwerfen, liegt nicht mehr in Ihrer Macht. Damit entlasten Sie Ihr eigenes Gewissen und bereiten dem Adressaten vielleicht sogar eine kleine Freude.

Wenn wir neue Dinge erwerben, bekommen wir diese meistens in Verpackungen ausgehändigt. Es gibt Menschen (und es sind gar nicht einmal so wenige), die all diese Schachteln aufheben im Glauben, später einmal Verwendung dafür zu finden. Ein kleiner Rat: Heben Sie die Originalverpackungen maximal bis zum Ablauf der Garantiezeit auf. Wenn es sich bei den Kartons um solche handelt, die aufgrund ihrer Größe oder ihres Formates wirklich einmal von Nutzen sein könnten, dann legen Sie diese wenigstens zusammen, um beim Verstauen Patz zu sparen. Wenn die Schachteln schließlich zum Einsatz kommen, ist es sinnvoll, sie zu beschriften, am besten mit jeweils nur einem Wort (zum Beispiel: „Fotos", „Batterien"). Apropos Aufbewahrung: Ich verwende gerne durchsichtige Schachteln, denn so spare ich mir die Beschriftung und erkenne schon von außen, was sich im Inneren „versteckt".

Ein wichtiger Gedanke noch, bevor Sie sich an die Arbeit machen: Uns zu unangenehmen Arbeiten zu motivieren, fällt ungleich schwerer, als ins Kino oder gut essen zu gehen. Der Trick besteht darin, diese Arbeiten so einzuteilen, dass sie als bewältigbar erscheinen. Wer gar nicht erst anfängt zu entrümpeln, weil er vor einem – vermeintlich – unüberwindbaren Berg von Mist steht, wird ihn tatsächlich niemals bezwingen. Nehmen Sie sich daher kleine Arbeiten vor, untergliedern Sie das große Projekt in Teilprojekte, die in überschaubarer Zeit zu verwirklichen sind. So können Sie beispielsweise mit einer Schublade Ihres Schreibtisches anfangen, mit einem Regalbrett, einem Ordner. Solch überschaubare Arbeiten können durchaus einen ganzen Nachmittag mit Arbeit füllen. Sobald Sie diesen Bereich entrümpelt haben, belohnen Sie sich, vielleicht mit einem Stück Schokolade oder Ähnlichem. Wir müssen uns selbst austricksen, wenn wir auch die lästigen, aber notwendigen Dinge erledigen wollen. Aber auch die Freude über gelungene Entrümpelungsschritte erzeugt schon einen Motivationsschub für die darauf folgenden.

Der Arbeitsplatz als Müllhalde

Verlassen wir nun die Privatsphäre und wenden uns den Plätzen zu, wo wir immerhin ein Drittel jedes Werktages verbringen, um dort unser tägliches Brot zu verdienen. Die meisten Menschen tendieren dazu, ihre berufliche Arbeitsstätte dem Aussehen ihrer privaten Behausung anzupassen. Das überrascht nicht weiter, denn – wie schon erwähnt – die Art, wie wir die Dinge um uns herum gestalten, ist Ausdruck unserer inneren Verfasstheit. Die Struktur der von uns geordneten (oder ungeordneten) Welt zeigt dem Betrachter, wie wir ticken. Wer ein chaotisches Büro hat, lässt seine Kollegen erahnen, wie es bei ihm zuhause aussieht. Warum sollte sich auch unser Charakter in unseren eigenen vier Wänden anders ausdrücken als in unserem Büro? Das könnte bestenfalls dann zutreffen, wenn wir unter multipler Persönlichkeit leiden.

Ein guter Freund hat mir einmal geraten, all die Unterlagen, die auf meinem Schreibtisch herumkugeln, in eine Mappe zu geben, zum Beispiel in ein Hängeregister. Das spart Platz und ermöglicht eine schnelle Auffindbarkeit. Meine Sorge war nämlich, dass die Unterlagen, wenn sie einmal aus meinem Blickfeld verschwunden wären, auch aus meinem Gedächtnis entfliehen könnten. Das war der Grund, warum alles mir Wichtige immer gut sichtbar vor mir ausgebreitet liegen musste. Wenn Sie ein Wiedervorlagesystem verwenden, können Sie diese Sorge beruhigt vergessen. Denn der Trick eines solchen Ablagesystems besteht darin, dass es für jeden Wochen- oder Monatstag eine eigene, gekennzeichnete Tasche gibt. Alles, was Sie am Montag zu erledigen haben, kommt ins Montag-Fach; alle Aufgaben, mit denen Sie sich am Dienstag befassen sollten, ins Dienstag-Fach und so weiter. Wenn Sie ein Monatssystem verwenden, dann verfügt dieses eben über 31 Unterteilungen.

Als ich Personalchef der Wirtschaftskammer Oberösterreich war, hatte ich einen Aktenschrank in meinem Büro stehen. Der reichte bis zur Decke, ganz oben stapelte sich die Langfristablage. Irgendwann habe ich einen Rappel bekommen und mich über diese Unterlagen hergemacht. Ich dachte mir: Entweder da verbergen sich ganz wichtige Unterlagen, die wir unbedingt brauchen; dann sollte ich wissen, was es ist. Oder die riesige Ansammlung bedruckten Papiers in verblichenen Mappen vermisst niemand, weil sie schon so lange dort oben im Geheimen dahinvegetieren, ohne dass überhaupt jemand von ihrer Existenz weiß. Wenn Letzteres der Fall sein sollte, wäre es an der

Zeit, sie zu entsorgen. Und ich war bereit, genau das zu tun. Bergeweise holte ich die Aufzeichnungen aus dem Kasten. Sie waren bereits so verstaubt, dass sie bestimmt schon einige Jahre dort zugebracht hatten. Raten Sie einmal, wie viele Jahre die ältesten von ihnen auf dem Buckel hatten! 50 Jahre, ich mache keinen Witz! Manche der Unterlagen waren dreifach abgeheftet. Meine Vorgänger hatten alles abgelegt, aber nichts entsorgt. Nach mehreren Stunden Arbeit waren von dem papierenen Riesengebirge nur mehr ganze zwei Ordner übrig geblieben. Um ehrlich zu sein: Auch diese beiden Ordner hätte ich wegwerfen können, ohne dass sie irgendjemandem abgegangen wären. Die Notizen, die ich darin aufbewahrte, hatten wahrscheinlich nur mehr antiquarischen Wert. Von diesem Tag an fand ich benötigte Unterlagen innerhalb weniger Minuten.

Ebenfalls während meiner Tätigkeit für die Wirtschaftskammer wurde einmal unser gesamtes Bürogebäude umgebaut. Bei der Aussiedelung ins Ausweichquartier hatten die Kollegen nicht den Mut, Unterlagen, die sie bestimmt nicht mehr benötigten, zu entsorgen. Das Ausräumen war eine Heidenarbeit. Zu große Schmerzen stärken, das war meine damalige Erfahrung, den Mut. Bei der Rückübersiedelung waren die Mitarbeiter dann sehr wohl bereit, sich von Unterlagen und Gegenständen zu trennen, weil sie in der Zwischenzeit nie gebraucht wurden und nur sinnlos den Platz verstellten. Das Zurücktragen all jener

Objekte wäre doppelt anstrengend gewesen: erstens aufgrund des Aufwandes selbst und zweitens, weil es so vollkommen sinnlos gewesen wäre.

Das Entrümpeln im Büro macht aus zweierlei Gründen Sinn. Erstens ist es erforderlich, um Platz zu schaffen und Durchblick zu gewinnen: Was habe ich noch? Wo befinden sich diese und jene Unterlagen? Zweitens, und das scheint mir beinahe ebenso wichtig zu sein, hilft es, mein Arbeitsgedächtnis zu trainieren. Wenn ich noch einmal einen Blick auf ältere Unterlagen werfe (egal, ob ich sie dann entsorge oder aufheben muss), erinnere ich mich an frühere Aufgaben. Das schafft eine gewisse Ordnung in meinem Gedächtnis und kann mir dabei helfen, bei künftigen Projekten bessere Entscheidungen zu treffen. So könnte ich, wenn ich zum Beispiel einen Auftrag zu vergeben habe, mich wieder daran erinnern, was ich beim letzten Mal bezahlt habe, welche Firma ich kontaktiert habe und so weiter.

Nehmen Sie sich für das Ausmisten am Arbeitsplatz ruhig einmal einen halben oder ganzen Tag Zeit. Manche Menschen schaffen es während der Arbeitszeit. Aber ich empfehle Ihnen, es in Ihrer Freizeit (etwa an einem verregneten Samstag) zu tun. Denn dann läutet Ihr Telefon nicht und Sie werden auch nicht von Terminen und Kollegen bei der Arbeit unterbrochen. Drehen Sie das Radio auf und machen Sie sich das Aufräumen so angenehm wie möglich. Zwischendurch legen Sie immer mal wieder eine kurze Pause ein, holen sich einen Kaffee oder eine kleine Jause, blättern in der Zeitung. Aber teilen Sie sich vorher die gesamte zu bewältigende Arbeit in kleine Teilschritte ein. Das erleichtert die Arbeit. Sagen Sie sich: Dieses Regal habe ich bis 11 Uhr ausgeräumt, bis 15 Uhr bin ich mit dem Kasten fertig.

Wenn Ihr Arbeitsplatz aus mehreren Räumen besteht, sollten Sie in jedem dieser Räume einen Papierkorb aufstellen. Dadurch müssen Sie nicht jedes Mal vom hintersten bis zum vordersten Zimmer laufen. Wenn die Papierkörbe voll sind, leeren Sie diese in die Mülltonne. Belohnen Sie sich nach jedem erledigten Abschnitt. Eine angenehme Begleiterscheinung solch einer Entrümpelungstour: Wenn Sie fertig sind und Ihr Büro wieder auf Vordermann gebracht haben, wenn Sie die Dinge, die Sie benötigen, schneller finden und das Gefühl der Übersichtlichkeit und Ordnung genießen, macht Ihnen die Arbeit bestimmt mehr Spaß. Der Effekt ist ähnlich wie der einer erfolgreichen Fastenkur: Sie fühlen sich schlanker und rundum wohl.

Die Zeiten ändern sich. Heute kommunizieren wir in vielen Fällen bereits elektronisch. Das wird in Zukunft noch zunehmen. Das E-Mail ist, neben dem Telefon, das Kommunikationsmittel Nummer eins. Leider haben wir das Ansammeln von Gerümpel mit der langsamen Entwicklung weg von der Papier-Kommunikation, hin zur elektronischen nicht auch gleich überwunden. Viele Menschen sammeln manisch E-Mails. Ich wurde einmal vom Geschäftsführer einer großen Firma eingeladen. Mein Auftrag lautete: „Lesen Sie bitte meinen Mitarbeitern die Leviten!" Jeder Angestellte dieser Firma hatte mindestens 1000 E-Mails in seiner Mailbox. Auch hier gilt: das Wichtige vom Unwichtigen trennen. Sind es Dinge, die wir noch brauchen, wäre es gut, sie auszudrucken und in einem Ordner aufzubewahren. Der Rest kann gelöscht werden, denn nicht nur verbrauchen E-Mails (vor allem dann, wenn Dutzende Mitarbeiter jeweils mehr als 1000 von ihnen angesammelt haben) eine Menge Speicherplatz, sie kosten auch Zeit bei der Suche nach den paar wenigen wichtigen Schreiben. Natürlich gibt es externe Festplatten und USB-Sticks, auf die sich Mails „auslagern" lassen. Aber glauben Sie mir: Solche externen Datenträger verhalten sich zu Ihrem Arbeitsplatz beziehungsweise Ihrem Computer so wie die Kisten im Keller bei Ihnen zuhause zum Wohnbereich. Sie verschieben das Gerümpel bloß, anstatt es loszuwerden.

Ein Freund von mir hatte vor einiger Zeit eine Reise ins Land der unbegrenzten Möglichkeiten angetreten: Er flog in die USA, wo die Menschen ein Faible für Bücher mit praktischem Wert und hoher Benutzerfreundlichkeit haben. Die Ratgeber-Literatur boomt dort ungemein. Die US-amerikanischen Sachbuchautoren haben die erfrischende Angewohnheit, Bücher über noch so sperrige Themen mit einer Leichtigkeit zu schreiben, dass schon ihre Lektüre ein Genuss ist, und die Arbeit, die durch sie erleichtert werden soll, ist es dann meistens auch. Mein Freund hat mich vor seiner Abreise gefragt, ob er mir irgendetwas mitbringen soll aus den USA. Ich habe ihn gebeten, mir ein einziges Buch zu besorgen: ein Buch über Arbeitsorganisation und Ablagetechniken. Als er nach mehreren Wochen zurückkam, drückte er mir „Getting things done" von David Allen in die Hand. Ich habe das Buch (die deutsche Übersetzung ist unter dem Titel „Wie ich die Dinge geregelt kriege" im Handel erhältlich) in einem Zug ausgelesen. Einer der 12 Tipps, die darin vorgestellt werden, lautete (sinngemäß): Sorgen Sie für eine Ablage. Mit einer Ablage können Sie bis zu 75 Prozent der Unterlagen, die bei Ihnen im Büro herumliegen, loswerden.

Ich dachte mir: Das ist unmöglich. Der Autor lügt! Das geht einfach nicht. Meine Kästen waren zu diesem Zeitpunkt randvoll. Also nahm ich meine Ordner aus den Regalen und begann mit dem Aussortieren. Am Ende waren 50 Prozent der Unterlagen entsorgt. Kein einziges Stück davon habe ich jemals vermisst. Dabei habe ich mir, angeregt durch die Lektüre von Allens Buch, bei jedem Stück folgende Fragen gestellt:

Muss das nicht eigentlich jemand anders aufbewahren, nicht ich?
Was ist das Schlimmste, was passieren könnte, wenn ich diese Unterlage wegwerfe?

Habe ich überhaupt noch gewusst, dass ich diese Unterlage habe?

Wenn die Antwort auf Frage eins lautet: Ja, es muss eigentlich jemand anders aufbewahren:

Weg damit (beziehungsweise so schnell wie möglich weitergeben)!

Denn ich kann mir die Unterlage, sollte ich sie doch einmal benötigen, ja jederzeit dort besorgen.

Lässt sich Frage zwei mit keinem allzu großen Horrorszenario beantworten:

Weg damit!

Bei Frage drei hängt es tatsächlich davon ab, ob es sich um wertvolle Aufzeichnungen handelt oder nicht. Bedienungsanleitungen, Garantien, Wartungs- oder Mietverträge, die noch gültig sind, die ich aber schon länger nicht mehr in der Hand hatte, sind definitiv wichtig und sollten leicht auffindbar verwahrt werden (am besten in beschrifteten Ablagen, damit sie auch von Kollegen gefunden werden können, falls ich einmal krank oder auf Urlaub sein sollte, die Unterlagen aber dringend benötigt werden). Ich hingegen hatte einen ganzen Ordner voll alter Einladungen im Kasten stehen. Bei Einladungen verhält es sich für gewöhnlich so: Bis zum Tag der Veranstaltung besitzen sie Wert. Einen Tag später sind sie (mit

Ausnahme von Einladungen zu besonderen Veranstaltungen, runden Familienjubiläen und dergleichen, die vielleicht dem Anlass entsprechend schön gestaltet sind und einen gewissen sentimentalen Wert über den Termin hinaus besitzen) zu nichts mehr nütze, also:

Weg damit!

Wenn wir schon bei den Regeln angekommen sind, hier gleich noch ein paar:

Nach dem Ausleeren Ihrer Kästen und Schränke (das bezieht sich natürlich ebenso auf das Entrümpeln zuhause) bilden Sie drei Haufen. Der erste Haufen besteht aus all jenen Dingen, die definitiv in den Müll gehören: alles, was kaputt ist, abgelaufene Verträge, Zubehör von Geräten, die Sie nicht mehr besitzen, und so weiter. Der zweite Haufen setzt sich aus solchen Gegenständen zusammen, die zwar noch funktionstüchtig sind, für die Sie selbst aber keine Verwendung mehr haben. Diese Objekte sollten Sie verwerten (siehe die vorangegangenen Ausführungen dazu): Schenken Sie sie her oder packen Sie einen Karton damit voll und tragen ihn auf den Flohmarkt. Der dritte Haufen ist derjenige von Gegenständen, die vielleicht noch nicht ganz kaputt oder nur leicht beschädigt sind, die Sie jedenfalls reparieren können und noch weiterverwenden wollen. Diese Dinge wandern zurück in Kästen und Regale.

In einer Firma, für die ich einmal als Berater tätig war, war ich auf eine „To-do-Liste" gestoßen. Sie hing am Gang und jeder Mitarbeiter sollte dort Dinge eintragen, die zu erledigen sind, also Arbeiten oder Defekte, die ihm auffielen, zum Beispiel eine kaputte Glühbirne, eine defekte Klimaanlage und so weiter. Bei der jeweils nächsten Besprechung wird diese „To-do-Liste" mitgenommen, die Arbeiten werden dann auf die Mitarbeiter aufgeteilt, und eine neue, leere „To-do-Liste" wird an die Wand gehängt.

Das Wichtigste zum Schluss: Wehren Sie den Anfängen! Entrümpelung wird zwar hin und wieder unumgänglich sein, wenn Sie aber ein paar grundlegende Maßnahmen beherzigen, werden Sie weniger oft zur Tat schreiten müssen. Ich habe die folgenden „Ordnungsregeln" bei einem anderen Kunden entdeckt, notiert und sie mir für Sie aufgehoben:

Wenn du etwas herausnimmst, lege es wieder an seinen Platz zurück.
Wenn du etwas öffnest, schließe es wieder.
Wenn dir etwas hinunterfällt, hebe es wieder auf.
Wenn du etwas nachkaufen musst, kaufe es gleich nach.
Wenn du etwas reparieren musst, repariere es innerhalb einer Woche.

Unser Körper als Haus von Geist und Seele

„Du bist, was du isst“, hieß ein äußerst erfolgreiches TV-Format, das einige Zeit auf einem privaten österreichischen Fernsehsender lief. Unter Anleitung und strenger Überwachung durch eine Ernährungsberaterin versuchten Übergewichtige, ihren Lebenswandel umzustellen, was hauptsächlich durch eine radikale Änderung ihrer Ernährungsgewohnheiten geschehen sollte.

Der Spruch „Du bist, was du isst“ hat bereits eine über 150-jährige Geschichte. Er entstammt der 1850 erschienenen Schrift „Die Naturwissenschaft und die Revolution“ des deutschen Philosophen Ludwig Feuerbach (1804 bis 1872) und lautet dort im vollständigen Original:

**„Wir sehen zugleich hieraus,
von welcher wichtigen ethischen sowohl
als politischen Bedeutung die Lehre von den
Nahrungsmitteln für das Volk ist.
Die Speisen werden zu Blut,
das Blut zu Herz und Hirn, zu Gedanken und
Gesinnungsstoff. Menschliche Kost ist die
Grundlage menschlicher Bildung und
Gesinnung.
Wollt ihr das Volk bessern,
so gebt ihm statt Deklamationen gegen die
Sünde bessere Speisen.**

**Der Mensch ist, was er isst.
Wer nur Pflanzenkost genießt,
ist auch nur ein vegetierendes Wesen,
hat keine Tatkraft."**

Mit solch hochgestochenen Zielen ist die Frage nach der richtigen Ernährung in unseren Tagen nicht (mehr) aufgeladen. Gott sei Dank, muss man sagen. Für die Menschen der heutigen Zeit ist es schon genug, wenn sie sich rundum wohl fühlen. Dazu gehört natürlich vor allem die körperliche Gesundheit, die wiederum Auswirkungen auf die seelische Befindlichkeit hat.

Das gerne in diesem Zusammenhang genannte Zitat „Mens sana in corpore sano" soll diese Kausalität hervorstreichen. Dabei heißt der den Satiren des römischen Dichters Juvenal (zirka 60 bis 128 nach Christus) entnommene Spruch korrekt: „Orandum est, ut sit mens sana in corpore sano", was so viel bedeutet wie: „Es ist zu erbitten (gemeint ist: von den Göttern), dass ein gesunder Geist in einem gesunden Körper sei." Auf die Gegenwart umgelegt: „Hoffen wir, dass unser Geist gesund ist und unser Körper auch."

Trotz dieser jahrhundertealten Fehlinterpretation Juvenals weiß jeder, der sich den Bauch vollschlägt oder ungesundes Zeug in sich hineinstopft, dass sich das dadurch hervorgerufene Völlegefühl auch negativ auf den Geist auswirkt und umgekehrt: Wer leichte, bekömmliche Kost zu sich nimmt und nicht zu viel davon, bewahrt sich auch eine gewisse Leichtigkeit und Helle im Kopf.

Tatsache ist: In unserer Überflussgesellschaft essen wir meist zu viel und leider sehr oft das Falsche. Schon das Wort „Überfluss" zeichnet ein perfektes Bild des Schlaraffenlandes, in welchem wir beheimatet sind: Alles strömt in solch üppiger Weise, dass es bereits überfließt. Die Krankheiten, unter welchen wir durch ein Übermaß an Konsum leiden, nennt man nicht zu Unrecht „Zivilisationskrankheiten".

Dabei wäre es so leicht, das rechte Maß zu halten: durch ausgewogene, möglichst natürliche Nahrung, den regelmäßigen Verzehr kleinerer Portionen, über den Tag verteilt, die letzte Mahlzeit nicht unmittelbar vor dem Schlafengehen eingenommen, fettarm, dafür ballaststoffreich, wenig oder noch besser kein Alkohol, Nikotin und nach Möglichkeit wenig Koffein. Wenn wir am Morgen wie „gerädert" sind, kann die schlechte Ernährung schuld daran sein. Mit Litern von Kaffee pushen wir uns auf, schlafen die folgende Nacht aufgrund des hohen Koffeingehaltes im Körper natürlich noch schlechter und geraten so in einen gefährlichen Teufelskreis. Dabei könnten wir Kaffee und ähnliche koffeinhaltige Getränke, wie diverse Powerdrinks, als Wachmacher absetzen oder zumindest reduzieren, wenn wir einen steten Lebenswandel und eine ausgewogene Ernährung pflegen würden.

Zum gesunden Lebenswandel gehört selbstverständlich auch regelmäßige sportliche Betätigung, am besten an der frischen Luft. Unser Körper wird viel zu selten in Bewegung versetzt, und wenn, dann leider nur mit Hilfe technischer Mittel wie Rolltreppen, Aufzüge, U-Bahnen, Autos und so weiter. Untersuchungen bestätigen: Wir nehmen viel mehr Lebensmittel (und in der falschen, weil ungesunden Zusammensetzung) auf, als wir überhaupt für die Wiederherstellung und den Erhalt unseres Organismus benötigen würden. Die Energie, die wir uns täglich in Gestalt von Lebensmitteln zuführen, wäre vielleicht dann nötig, wenn wir jeden Tag kilometerlange Dauerläufe absolvieren oder, wie unsere Vorfahren, unseren Lebensunterhalt durch die Jagd auf wilde Tiere bestreiten würden. Das ist aber schon lange nicht mehr der Fall. Stattdessen sitzen wir im Büro und kommen höchstens dann ins Schwitzen, wenn auf dem Nachhauseweg mal wieder eine Rolltreppe aus technischen Gründen stillgelegt ist und wir einen Niveauunterschied von zehn Metern zu Fuß über die Treppe bewältigen müssen.

Obwohl wir nicht mehr Jäger und Sammler sind, sondern Bewohner der zivilisierten Welt, müssen wir darauf achten, dass wir unserem Körper das – und nur das – geben, was er wirklich braucht. Wenn wir – besonders rund um Festtage wie Weihnachten und Neujahr – zu viel des „Guten" in uns hineingestopft haben, wird es Zeit, Ballast abzuwerfen und uns wieder zu reinigen.

Zur Entgiftung des Körpers stehen uns mehrere Möglichkeiten zur Verfügung, ich möchte nur auf ein paar wenige davon eingehen. Wer sich für eine ausführlichere Behandlung des Themas interessiert, findet im gut sortierten Fachhandel Bücher dazu in rauen Mengen.

Gelegentlich Diät zu halten, ist eine Möglichkeit, innezuhalten und die unreflektierte Nahrungsaufnahme für einen Augenblick zu hinterfragen. Es geht dabei weniger darum, zu hungern, als vielmehr um einen Stopp und in weiterer Folge vielleicht um eine Umstellung auf eine abwechslungsreiche, unseren biologischen Bedürfnissen besser entsprechende Ernährung. Eine Fastenkur schadet meiner eigenen Erfahrung nach nicht. Ganz im Gegenteil: Ich „entrümple" auf diese Weise meinen Körper regelmäßig und fühle mich anschließend wie neugeboren. Es geht mir danach nicht nur besser als vorher, auch meine Haut verändert sich, wird sanfter und reiner. Sie können entweder einen Fasttag pro Woche oder eine Fastenwoche pro Jahr einlegen, wichtig ist die Regelmäßigkeit – auch deshalb, weil Sie diesen bewussten Weg der Entgiftung dadurch ritualisieren. Körper und Geist lieben Regelmäßigkeiten, benötigen Rhythmen. Wenn Sie gesundheitliche Probleme haben, sollten Sie aber auf jeden Fall vor Beginn einer Diät oder einer Fastenkur Ihren Arzt konsultieren.

Durchs Fasten gönnen wir dem Körper eine Pause. Wir führen ihm keine Nahrung und damit keine neuen Schlacken und Giftstoffe zu. Das ist der eine Schritt. Der andere besteht darin, den Körper aktiv zu reinigen, die bereits in ihm „gelagerten" Abfälle, unser „Nahrungsgerümpel", zu entsorgen. Dazu können Sie am Beginn Ihrer Fastenkur eine Darmspülung durchführen. Der Darm ist eines unserer Ausscheidungsorgane, im Dickdarm wird dem Nahrungsbrei Flüssigkeit entzogen und in den Blutkreislauf eingespeist. Billionen von Bakterien (über 100 verschiedene Arten) bauen in diesem Abschnitt unseres Verdauungstraktes Ballaststoffe ab und wandeln sie zum Beispiel in Vitamin K (wichtig für die Blutgerinnung) und Fettsäuren um. Dabei entstehen leider auch die bekannten Faulgase (etwa Methan), auf die wir (und unser Umfeld) gerne verzichten könnten. Alles wirklich Unverdauliche, befreit von Wasser, gesättigt mit lebenden und toten Mikroben, wird weiterbefördert Richtung Mastdarm und schließlich durch den After ausgeschieden. Ballaststoffreiche Nahrung (in Verbindung mit viel Flüssigkeit, am besten Wasser, verdünnten Fruchtsäften oder Kräutertees – Müsli ohne die nötige Flüssigkeit kann zu Verstopfung führen!) sorgt dafür, dass die Nahrungsreste den Darm schneller passieren und ausgeschieden werden. Dadurch kann der Körper weniger Giftstoffe aus dem Darm aufnehmen. Ich habe einmal eine 40-tägige Fastenkur gemacht und anschließend eine Darmspülung. Überraschend, wie viele Schlacken sich da noch aus dem Körper entfernen ließen, obwohl ich so lange nichts gegessen hatte!

Neben dem Darm haben auch unsere Nieren eine wichtige Reinigungsfunktion inne. Sie entgiften den Körper, führen ihm die gereinigte Flüssigkeit wieder zu und scheiden ein Zuviel an Mineralen aus. Noch verwertbare und benötigte Stoffe kommen wieder zurück in den Organismus. Damit die Nieren ihren Dienst perfekt verrichten können, sollten sie regelmäßig „gespült" werden. Mediziner raten deshalb dazu, mindestens zwei Liter Wasser pro Tag zu trinken. Eine gute Faustregel: Wenn Sie beim Urinieren feststellen, dass Ihr Harn dunkel gefärbt ist, kann das ein Zeichen dafür sein, dass Sie zu wenig trinken. Ist er bei jedem Gang zur Toilette klar, beinahe farblos, nehmen Sie ausreichend Flüssigkeit zu sich.

Auch über unsere Haut entgiften wir unseren Körper, und zwar indem wir schwitzen. Schwitzen ist also eine gesunde Angelegenheit! So richtig ins Schwitzen kommen wir (wenn wir nicht gerade krank sind und Fieber haben) nur dadurch, dass wir uns anstrengen, also etwa bei schwerer körperlicher Arbeit oder beim Sport. Wie bereits gesagt: Sport ist gesund und in der heutigen Zeit, wo die meisten von uns einer sitzenden Tätigkeit nachgehen, ein absolutes Muss, um unserer biologischen Natur Tribut zu zollen. Die sportliche Betätigung stärkt Herz und Kreislauf und wirkt sich auch auf die Verdauung vorteilhaft aus. Wer nur herumsitzt (im Büro oder zuhause vor dem Fernseher), darf sich nicht wundern, wenn er sich den ganzen Tag über müde und „wie erschlagen" fühlt. Sie können (zusätzlich zu Sport, gesunder Ernährung und ausreichender Zufuhr von Wasser) auch in die Sauna gehen. Das hilft nicht nur bei der Entschlackung (eben durch Giftentsorgung durch die Haut beim Schwitzen), es stärkt – in Verbindung mit kalten Duschen nach jedem Saunagang – auch das Immunsystem.

Ich möchte nicht zu sehr in die medizinischen Details all dieser unsere Gesundheit fördernden Maßnahmen eintauchen. Eines aber kann ich mit Sicherheit aus eigener Erfahrung sagen: Ihre Anwendung macht sich bezahlt! Wie Sie sehen, geht es dabei aber nicht darum, einer ansonsten ungesunden Lebensweise ein einziges gesundes Detail entgegenzustellen. Das wäre bestenfalls eine Alibihandlung. Sie sollten vielmehr darauf achten, möglichst viele dieser Aktivitäten und Umgangsformen mit Ihrem Körper in Ihr Leben aufzunehmen. Gesunde Ernährung, regelmäßige Entgiftung, Sport (am besten in der Natur), ausreichendes Trinken, Schlaf in der nötigen Menge – unser Körper ist ein komplexer Mechanismus, der Ihre Aufmerksamkeit in vielen verschiedenen Bereichen erfordert. Betrachten Sie ihn nicht bloß als ein Vehikel, mit dem Sie Geist und Seele spazieren tragen. Sehen Sie ihn vielmehr als Ihren Freund an und behandeln Sie ihn auch dementsprechend!

Von Geist und Seele

Die Erkenntnis, dass unser Kopf rund ist, „damit unsere Gedanken die Richtung wechseln können", wird dem französischen Schriftsteller und Maler Francis Picabia (1879 bis 1953) zugeschrieben. Dieser Aphorismus will uns sagen, dass denken, nachdenken, noch einmal neu und vielleicht anders über etwas reflektieren etwas durchaus Positives ist. Denn andauernde Gedankenarbeit hält uns davon ab, in ideologischem Glauben und damit in Unveränderlichkeit unserer Positionen zu erstarren. Nachdenken, könnte man etwas salopp formulieren, hält in Bewegung und somit jung. Das trifft ganz bestimmt zu. Aber könnte es nicht vielleicht auch umgekehrt sein? Könnte ein Zuviel an Denken nicht auch schädlich sein? Wie das?

Wenn wir uns zum hundertsten Mal mit einem Erlebnis aus unserer Vergangenheit auseinandersetzen, mit einer seelischen Verletzung, die wir selbst erlitten (oder anderen zugefügt) haben, wenn uns die Erinnerung daran und die damit einhergehenden Gefühle verfolgen, dann hat das Nachdenken eine gefährliche Richtung genommen. Alles kann man übertreiben, auch die geistige Beschäftigung mit sich selbst. Wer nicht lernt, loszulassen, auch und gerade das Vergangene, kann sich nicht auf die Gegenwart konzentrieren. Doch genau hier spielt sich unser Leben ab, nicht im Gestern und schon gar nicht in einer Zeit, die

Monate oder gar Jahre zurückliegt. Was ist nun aber die Grundlage dieser „ewigen Wiederkehr" von uns belastenden Gedanken und Emotionen?

Was die Gefühle betrifft, so können sie uns natürlich auch ohne ersichtlichen Grund überfallen. Das macht es nicht gerade leichter, sie zu analysieren. Aber nur durch Analyse schaffen wir den Zugang zu ihren Ursachen und damit zur Lösung unserer seelischen Konflikte. Bei einigen negativen Emotionen kennen wir die Auslöser, können uns aber dennoch nicht von ihnen frei machen. Unsere Gedanken beginnen zu kreisen und mit ihnen drehen wir selbst uns im Kreis herum.

Um ein Gefühl oder einen Gedanken loszuwerden, müssen wir die „Geschichte", die dahinter steht, abschließen. Das mag in vielen Fällen mit geringem Aufwand möglich sein, und wenn wir es endlich geschafft haben, müssen wir uns meistens über uns selbst wundern: Warum habe ich das nicht schon längst in Angriff genommen? Wenn ich früher gewusst hätte, dass ich das so leicht in den Griff bekommen kann, ich hätte es schon längst aus der Welt geschafft.

In anderen Zusammenhängen wiederum läuft es nicht so glatt. Wenn Sie etwa im Unfrieden von einem Menschen geschieden sind, zum Beispiel von Ihrem Partner, einem Verwandten, ihrem Chef (der Sie gekündigt hat), ist es schwer, diesen „offenen Kreis" zu schließen. Um „alte Geschichten" zu einem Ende zu bringen, müssen wir uns ihnen stellen, uns mit ihnen ernsthaft auseinandersetzen, was auch bedeutet, Schmerzen hinzunehmen. Viele Menschen, und ich nehme mich da selbst gar nicht aus, verdrängen negative Erlebnisse lieber aus Angst vor Schmerzen oder aus Scham, anstatt sich mit ihnen zu befassen und sie zu verarbeiten. Das ist jedoch grundfalsch, denn wie ein Bumerang kommen diese Geschichten wieder zu uns zurück und treffen uns dann, wenn wir am wenigsten damit gerechnet haben.

Meine eigene Unfähigkeit, Dinge wegzuwerfen, lag – davon bin ich jedenfalls überzeugt – daran, dass es mir über viele Jahre hinweg nicht möglich war, meinen Vater loszulassen. Er war bei einem Unfall gestorben, als ich noch ein kleines Kind war. Damals war ich drei Jahre alt gewesen. Erst im Alter von 35 Jahren, ich machte gerade meine Ausbildung zum Familientherapeuten, gelang es mir endlich, mich von ihm zu verabschieden und damit den Weg frei zu machen für die Fähigkeit, Dinge aus der Hand zu geben.

Früher war ich zum Beispiel auch Mitglied in rund 25 Vereinen, auszutreten war mir so gut wie unmöglich. Warum? Weil dieses Beenden einer „Beziehung" mich an die Trauer über den Verlust meines Vaters erinnert hätte. Immer wenn ich mich von etwas lösen wollte, überfiel mich dieses starke Gefühl. Ich glaube, dass es vielen Menschen so geht: Hinter der Unfähigkeit, Dinge wegzuwerfen, alte „Geschichten" zu beenden, Gedanken und Gefühle abzuschließen, lauert eine unbewältigte Trennung, ein unverdauter Verlust, der bei jedem Versuch, etwas wegzuwerfen, wieder ins Bewusstsein tritt oder sich durch negative Gefühle in schmerzvolle Erinnerung ruft.

Es geht dabei nicht immer um den Tod eines lieben Menschen. Eine unvollendete oder schlecht abgeschlossene Beziehung zu einem Menschen kann ebenso als „offener Kreis" wirken, uns immer wieder einholen und unsere Seele „verschmutzen". Gegenstände, die an vergangene Beziehungen erinnern, sind einerseits Auslöser von Gedanken und Gefühlen an diese ehemaligen Beziehungen. Andererseits drückt unsere Unfähigkeit, sie wegzuwerfen oder sie wenigstens aus unserem Blickfeld zu entfernen, die Tatsache aus, dass wir noch nicht über die Trennung hinweg sind.

Freundschaften sind etwas äußerst Wichtiges. Wenn wir aber zig Freunde haben, überfordern wir uns selbst. Wir tun uns selbst nichts Gutes mit einer unüberschaubaren Zahl an Freunden und unseren Freunden bringt es auch nichts. Ich habe mir einmal die Mühe gemacht und eine Liste all meiner Freunde erstellt. Auf rund 60 Personen bin ich dabei gekommen – eine sehr große Zahl, zu groß, um wirklich innigen Kontakt zu all diesen Menschen halten zu können. Es ist vollkommen sinnlos, 60 Freunde zu haben, denn um 60 Menschen kann man sich nicht kümmern. Wenn Sie dabei sind, Ihre Freundschaften zu überprüfen, die echten Freunde von den bloßen Bekannten zu trennen (Sie sollten das unbedingt tun), werden Sie sich vielleicht die Frage stellen: Wen würde ich um vier Uhr früh anrufen, wenn ich irgendwo mit dem Auto stecken geblieben bin? Wen würde ich aufsuchen, wenn mich gerade mein Partner verlassen hat? Bei wem würde ich mich „ausweinen", wenn ich nicht mehr weiterweiß? Diejenigen Menschen, die Ihnen dabei spontan in den Sinn kommen (und meistens ist es nur eine handverlesene Zahl von Personen), können Sie tatsächlich als Ihre Freunde bezeichnen. Von meinen 60 Freunden sind schlussendlich nur 12 übrig geblieben. Aber diese 12 sind mir lieb und teuer. Um sie kümmere ich mich seither viel intensiver, was beiden Seiten sehr guttut.

Viel an Beziehungsmüll schleppen wir in Form von Gedanken und Gefühlen mit uns herum. Die entsprechenden Beziehungen liegen zwar schon lange hinter uns, trotzdem hängen wir ihnen immer noch nach. Dadurch werden wir seelisch blockiert und können uns nicht für neue Beziehungen öffnen. Es gibt nicht nur Beziehungsmüll, den wir aus unseren eigenen Erfahrungen anhäufen und damit kämpfen. Manchmal bekommen wir solchen Mist auch völlig unschuldig auf uns geladen. Mein Vater, der, wie ich schon erzählt habe, jung verunglückt war, hatte einen jüngeren Bruder. Ich hatte meinen Onkel nach der Beerdigung meines Vaters jahrelang nicht getroffen. Als wir uns dann endlich wieder sahen, begannen wir zunächst eine nette, unverbindliche Plauderei. Nach kurzer Zeit aber gerieten wir in heftigen Streit, und das, obwohl wir eigentlich nichts miteinander zu tun hatten, ja kaum etwas voneinander wussten. Erst im Zuge meiner Therapieausbildung ist mir klar geworden, dass mein Onkel in mir seinen Bruder gesehen und einen unvollendeten Streit mit meinem Vater mit mir als Stellvertreter ausgetragen hatte. Tun Sie Ihren Kindern einen Gefallen und entrümpeln Sie Ihren eigenen Seelen- und Beziehungsmüll rechtzeitig, damit er nicht weitervererbt wird!

Wer sich von Emotionen und Gedanken über die eigene Vergangenheit nicht lösen kann, wer „Freunde", die eigentlich nur Bekannte sind, aus dem inneren Kreis der Seelenverwandten ausschließen will, wer vergangene Beziehungen endlich aus dem Kopf und aus dem Herzen bekommen möchte, sollte sich dabei nicht selbst quälen. Durch den krampfhaften Versuch, Dinge oder Menschen aus dem Kopf zu bekommen, bewirkt man oft das genaue Gegenteil. Vom deutschen Philosophen Immanuel Kant (1724 bis 1804) ist folgende Anekdote überliefert: Als er seinen Diener Lampe, der schon alt und unzuverlässig geworden war, kündigen musste, fiel es Kant schwer, den Mann zu vergessen. Zu viele Jahre hatten die beiden zusammen verbracht. Da Kant es nicht zustande brachte, seinen Diener aus dem Gedächtnis zu streichen, machte er folgenden Eintrag in sein Notizbuch: „Der Name Lampe muss vergessen werden." Wie erfolgreich Kant mit dieser Strategie war, können Sie sich ausrechnen. Wenn ich zu Ihnen sage: „Stellen Sie sich jetzt bitte KEIN grünes Schwein mit sechs Beinen und drei Köpfen vor", wird Ihnen das gelingen? Oder werden Sie nicht genau dieses Fabelwesen vor Ihrem geistigen Auge erstehen lassen?

Einer der Gründe dafür, dass wir Gedanken und Gefühle an Vergangenes nicht loswerden können, sind Schuldgefühle. Wenn wir uns selbst beispielsweise für eine Trennung verantwortlich machen, fällt es uns schwer, damit abzuschließen. Natürlich ist es schon schmerzvoll genug, wenn wir nicht selbst einen Teil oder die alleinige Schuld tragen. Aber wenn das der Fall ist, foltern wir uns zusätzlich, so als müssten wir uns nachträglich dafür bestrafen, den anderen verletzt zu haben.

Selbst wenn wir es schaffen, loszulassen, kann die Trennung scheitern, wenn unser Gegenüber uns nicht gehen lässt. Ich meine das natürlich nicht im physischen, sondern im übertragenen Sinn. Um das zu veranschaulichen, bitte ich bei meinen Vorträgen stets einen Teilnehmer zu mir. Dann gebe ich ihm die Hand; wir haben also, während wir einander halten, eine Beziehung miteinander. Nun ersuche ich ihn, loszulassen, unsere Beziehung gleichsam durch die physische Trennung zu beenden. Er tut es, kommt aber nicht weg, da ich seine Hand weiter festhalte. Wie könnte er sich auch befreien, wenn ich es nicht zulasse? Um eine Beziehung zu beenden, müssen beide Seiten loslassen, und sie müssen von einander wissen, dass der jeweils andere losgelassen hat, um sich nicht weiterhin gebunden und damit verpflichtet zu fühlen.

Die zehn Schritte des Loslassens

Ich habe eine Strategie entwickelt, besser gesagt: einen Handlungsfaden, an dem entlang Trennungen leichter bewältigt werden können. Ausführlich habe ich die dabei anzuwendenden Schritte in meinem Buch „Loslassen ohne zu vergessen" beschrieben. Ich möchte Ihnen an dieser Stelle kurz erklären, was es damit auf sich hat. Ich will Ihnen zeigen, wie es Ihnen gelingt, einen Menschen, mit dem Sie nicht mehr verbunden sind, eine Beziehung, die zu Ende ist, und die damit noch immer verknüpften Gedanken und Gefühle durch eine Reihe von Akten hinter sich zu bringen.

Die zehn Schritte, die dazu nötig sind, lauten:

Wenn ich jemanden loslassen möchte, muss ich ihm alles sagen, was ich ihm übel nehme. Nichts darf also verborgen bleiben. Denn alles, was wir in unserem Inneren aufheben, können wir nicht hinter uns lassen.

Einmal kam ein geschiedenes Ehepaar zu mir. Der Mann und die Frau konnten sich trotz Scheidung nicht voneinander lösen. Ich habe sie einander gegenüber auf zwei Stühlen Platz nehmen lassen. Dann gab ich ihnen den Auftrag, sich gegenseitig so lange in die Augen zu blicken, bis etwas aufsteigt. Nach etwa zehn Minuten habe ich bemerkt, dass in der Frau etwas hochkommt. Sie hat ihrem Exmann in die Augen gesehen und gesagt: „Du Arschloch!" Da ist der Mann aufgestanden, hat gelacht und gesagt: „So, jetzt ist es vorbei." Er wusste selbst, dass er ein Arschloch war. Man sollte dem Partner die negativen Gefühle nicht schuldig bleiben. Das ist wichtig für die eigene Psychohygiene, aber auch für die des Gegenübers. Denn nur wer die Wahrheit über sich zu hören bekommt, kann an sich arbeiten und sich weiterentwickeln.

Im zweiten Schritt ist es sinnvoll, dem anderen zu danken: „Ich danke dir!" Das gilt für Menschen ebenso wie für Gegenstände, von denen wir uns trennen wollen. Es geht hier um eine symbolische Form des Abschlusses. Um jemanden oder etwas gehen lassen zu können, müssen wir das Gute an ihm erkennen und ihm dafür danken. Dadurch stellen wir wieder eine Art Gleichgewicht her: Wir haben etwas bekommen, durch das „Danke" geben wir etwas dafür zurück.

Ich hatte einst ein Auto, mit dem ich sieben Jahre lang unterwegs gewesen war. Ich hatte dieses

Auto geliebt. Aber irgendwann wollte ich es verkaufen. Doch niemand hat es mir abgekauft. Bis ich draufgekommen bin, dass ich selbst der Grund dafür war, dass ich es nicht loswerden konnte. Es hatte mir in all den Jahren stets gute Dienste geleistet, daher konnte ich mich einfach nicht von ihm trennen. Als ich endlich so weit war, mich von ihm zu verabschieden, kam ein Mann, der ein Auto derselben Marke fuhr, das bereits 12 Jahre alt war. Sein Fahrzeug war tipptopp gepflegt. Da habe ich gewusst: Der bekommt mein Auto. Er liebt und pflegt sein eigenes Fahrzeug sehr. Also würde er auch meines mit der gleichen Sorgfalt behandeln. Ich würde es also in guten Händen wissen. Bevor ich es ihm gab, habe ich mich bei meinem Auto für seine jahrelangen treuen Dienste bedankt. Wenn man so lange mit ein und demselben Gegenstand zu tun hat, der einen wie ein treuer Freund begleitet, wächst man zusammen. Das mag vielleicht seltsam klingen, aber nach so vielen Jahren ist ein Auto beinahe so etwas wie ein Körperteil geworden. Und wenn man sich von einem Körperteil trennen muss, also zum Beispiel durch Amputation oder durch einen Unfall, entsteht Trennungsschmerz. Ein Abschiedsritual hilft dabei, diesen Schmerz zu überwinden. Danke sagen ist so ein Abschiedsritual.

Beim dritten Schritt kommen wir zu einem ganz heiklen Punkt. Es geht darum, dem anderen zu vergeben. Aber wie schaffe ich das, wenn die Trennung unter Schmerzen, wenn sie im Bösen vonstattengegangen ist? Wir müssen uns etwas Wesentliches klarmachen: Das Vergeben ist eine wechselseitige Angelegenheit. Es geht nicht einfach nur darum, dem anderen zu vergeben. Das Aussprechen des Verzeihens entlastet auch die eigene Seele. Denn ihr Besitzer kann den Hass auf den Verursacher seines Leides endlich ziehen lassen. Durch die Vergebung gebe ich dem anderen seine Freiheit, weil Unabhängigkeit von meinen negativen Gefühlen, zurück. Eine faszinierende Dialektik kommt hier zum Tragen: Indem ich ihm verzeihe, weiß ich, dass er den Groll, den er über meinen Hass auf ihn in sich trägt, aufgibt. Durch dieses Wissen wiederum fühle ich mich von ihm gelöst. Dadurch, dass ich ihm verzeihe, entlaste ich seine Seele und indirekt auch meine eigene. Ich entlasse ihn und mich aus der „Verpflichtung" des gegenseitigen Hasses.

Nicht verzeihen können bezeichnen wir als „nachtragend sein". Was bedeutet das? Ich trage dem anderen etwas nach, so wie ich einen schweren Rucksack trage. Aber trifft das den anderen? Wenn er es nicht weiß, wohl kaum. Leiden kann darunter also nur ich selbst. Mir fällt das Gewicht des Rucksacks auf, der andere weiß wahrscheinlich gar nichts von seiner Existenz. Das heißt: Derjenige, den ich eigentlich damit bestrafen möchte, indem ich ihm etwas nachtrage, bekommt das gar nicht mit. Ich hingegen leide unter dieser Strafmaßnahme. Daher ist es hoch an der Zeit für Vergebung, um nicht selbst länger leiden zu müssen.

Der Hass auf den anderen wegen der erlittenen Schmerzen löst sich auf, wenn ich ihm vergebe. Der Hass auf mich selbst, weil ich ihn verletzt habe, kommt erst dann zum Verschwinden, wenn der andere bereit ist, mir zu vergeben. Dazu muss ich mich aber seiner Vergebung als würdig erweisen. Ich muss meine Schuld eingestehen und ihn um Vergebung bitten. Das ist der vierte Schritt des Loslassens.

Zu einem anderen Menschen zu sagen: „Es tut mir leid", ist keine leichte Übung. Sich selbst einen Fehler einzugestehen, ist bereits schwer genug. Dies auch dem anderen gegenüber, an dem man eine Verfehlung begangen hat, zu leisten, ist doppelt so schwer. Ein Gefühl von Scham überkommt einen, es erfordert Größe, die eigene Schuld einzubekennen, denn man demütigt sich selbst damit ein klein wenig. Dennoch: Wer es wagt, diese „Verbeugung" zu machen, gewinnt dadurch vor dem anderen und vor sich selbst an Würde. Es ist vertrackt: Um wieder aufgerichtet werden zu können, um wieder aufrecht stehen zu können vor dem anderen und vor sich selbst, muss man sich zunächst erniedrigen, sich selbst kleinmachen.

Die Empathie ist ein wichtiger Punkt beim Bitten um Verzeihung. Nur wenn ich mich in mein Gegenüber hineinfühlen kann, den Schmerz verstehen kann, den ich ihm zugefügt habe, gelingt mir eine aufrichtige Bitte um Vergebung. Das Interessante dabei ist, dass die Vergebung durch den anderen eigentlich zweitrangig ist. Das heißt natürlich nicht, dass sie unbedeutend wäre. Aber wenn ich bereit bin, mich zu entschuldigen (das Wort „ent-schuldigen" drückt es perfekt aus: Ich bringe mich um meine Schuld, entlaste mich von ihr), ist ein wesentlicher Schritt getan.

Der fünfte Schritt ist kein Spaziergang. Er lautet: Ich vergebe mir selbst alles, was ich dir und mir angetan habe, aus ganzem Herzen. Für mich persönlich ist das der schwierigste Punkt, da es mir sehr schwerfällt, mir selbst zu verzeihen.

Auch bei anderen Menschen habe ich sehr oft erlebt, dass sie es nur unter großen Mühen schaffen, sich selbst zu vergeben. Aber wenn ich mir selbst nicht vergeben kann, wie kann ich jemals Frieden finden? „Das vergebe ich mir nie!", habe ich schon oft von anderen gehört. Es klingt wie eine Selbstverfluchung. Warum aber sollten wir uns selbst verfluchen? Wem ist damit geholfen? Selbstvorwürfe und Selbstbestrafung können aus dieser Haltung resultieren. Vielleicht vergibt der andere uns. Wäre es dann nicht auch möglich, dass wir uns selbst vergeben?

Damit der andere gehen kann, mich loslassen kann, muss ich den Schmerz verspüren und zeigen, den diese Trennung für mich bedeutet. Der sechste Schritt heißt daher zum Beispiel: Ich vermisse dich. Oder: Du fehlst mir.

Wer dem anderen sagt: „Ich werde dich vermissen", bekennt die Liebe und Freude ein, gesteht sich all das Schöne, das mit der Beziehung verbunden war, ein. Es ist nötig, das Wissen um den Verlust all des Schönen zuzulassen, die Trauer darum zu leben. Diese Trauerarbeit ist ein wichtiger Schritt zur Verarbeitung.

Meine Liebe für den anderen Menschen, den ich loslasse, muss ich auch ihm gegenüber ausdrücken. Ich sage etwa: „Ich liebe dich." Nur jetzt, wo er weiß, dass ich ihn nicht leichtfertig ziehen lasse, kann ich ihn überhaupt loslassen.

Keine Liebe ohne Schmerz, kein echter Schmerz ohne Liebe. Nur wer wirklich tiefe Gefühle der Zuneigung einem Menschen gegenüber hat, kann auch darunter leiden, diesen Menschen zu verlieren. Täuschen wir uns nicht darüber hinweg, dass diese beiden Seiten untrennbar miteinander verbunden sind. Gerade im Erleiden des Abschiedes sollten wir uns daher auch zu seinem Gegenpol, der Freude, der Liebe, bekennen. Nur so sind wir „komplett" und können den Abschied zur Gänze bewältigen.

Wenn die vorhergehenden sieben Punkte erfüllt sind, kommt derjenige Schritt, der all den Respekt vor dem anderen und vor seiner Eigenständigkeit zum Ausdruck bringen soll: Ich ehre und achte dich, so wie du bist!

Nur wer die sieben Schritte bis hierhin ehrlich vollzogen hat, ist in der Lage, Schritt acht auszuführen. Es erfordert innere Größe, denjenigen Menschen, den man eigentlich nicht mehr uneingeschränkt schätzt, weil man ihm Schmerzen zugefügt und Schmerzen durch ihn erlitten hat, zu achten. Dennoch ist es ein unverzichtbarer Teil des Prozesses des Loslassens. Indem Sie ihm seine Autonomie zurückgeben, geben Sie ihn „aus der Hand", lassen Sie ihn wieder er selbst sein. Die Gründe, warum Sie sich von ihm trennen (oder umgekehrt) mögen gravierend sein; bestimmt waren sie verletzend. Aber Ihr Gegenüber ist ein Mensch, der ein Recht darauf hat, als er selbst weiterzuleben, ohne weiterhin über die negative Relation zu Ihnen definiert zu sein.

Der neunte Schritt befreit uns gegenseitig von sorgenvollen Gedanken über das Wohlergehen des anderen: Ich verspreche dir, dass es auch ohne dich gut weitergehen wird!

Dieser Hinweis hilft zunächst einmal dem anderen, da er sich keine Sorgen mehr um mich machen muss. Aber im Wissen darum, dass er leichter weiterleben kann, weil er nicht mehr an mich denkt und sich sorgt, atme ich selbst auch ein großes Stück freier.

Jetzt, wo wir die Schmerzen, die wir dem anderen und uns selbst zugefügt haben, hinter uns gelassen haben, wollen wir den anderen noch um etwas sehr Wichtiges bitten: Ich bitte dich um deinen Segen, lautet der letzte der zehn Schritte. Er entlässt uns mit einem guten Gefühl. Auch wenn sich unsere Wege an dieser Stelle trennen, bleiben wir unserem Gegenüber in gewisser Weise ein seelisches Anliegen. Er wünscht uns, dass es uns gut geht, dass es gut mit uns weitergeht. Wenn er uns diese Bitte erfüllt, wissen wir, dass wir wieder losgelöst sind. Denn er spricht uns damit gleichsam frei von allen negativen Gefühlen, die uns noch binden. Das Bitten ist in diesem Zusammenhang ebenso wichtig wie die Erfüllung unserer Bitte; es erfordert den Mut, denjenigen Menschen, den wir verletzt haben, um einen Akt der Großzügigkeit zu ersuchen.

Sie haben es bereits erkannt: Die Magie dieser zehn Schritte besteht aus einem feinen Wechselspiel zwischen Vergeben und Sich-vergeben-Lassen, zwischen der Selbsteinschätzung und Selbstbewertung und derjenigen durch den anderen. Aber sie besteht eben auch in der eigenen Beurteilung dieser Bewertung durch das Gegenüber. Es ist eine Art von seelischem Pingpong-Spiel, das dazu führt, dass wir unsere eigene seelische Integrität wiedererlangen und losgelöst vom Gegenüber und den Schuldgefühlen, die wir bis dahin mit ihm verbunden haben, weiterleben können.

Durch Meditation zur inneren Ruhe und Reinheit

Eine weitere Möglichkeit, sich von innerem Wirrwarr, von geistigem, emotionalem, seelischem Gerümpel zu befreien, ist die Meditation. Ich habe ein Buch dazu verfasst mit dem Titel „Lust auf Meditation". Sie haben richtig gelesen: „Lust". Denn meditieren bereitet tatsächlich Lust, nicht auf eine simple, physische Art und Weise (obwohl Sie sich danach auch körperlich wohler fühlen werden). Es geht vielmehr um einen geistig-seelischen Genuss, ein Genießen, das den Menschen, der sich ihm hingibt, nicht mit einem Gefühl der Völle oder gar Schwere zurücklässt. Ganz im Gegenteil: Meditation ist ein Genuss, der erleichtert, der einen Menschen beinahe zur Schwerelosigkeit befreit. Das Geheimnis der Meditation liegt darin, dass sie uns auf uns selbst „zurückwirft". Durch das In-uns-Hineinhören, In-unser-Inneres-Blicken kommen wir uns maximal nahe, finden unseren Mittelpunkt wieder. Gerade in einer Zeit der Hektik und des Lärms ist es dringend erforderlich, hin und wieder einen Schritt zur Seite zu machen, sich vom allgemeinen Trubel auszuklinken und auf sich selbst rückzubesinnen.

Gerne bezeichne ich unsere Seele als Haus. In diesem Haus kann es geordnet und aufgeräumt aussehen oder aber chaotisch, unaufgeräumt. Selbst wenn wir regelmäßig für Ordnung sorgen: Immer wieder kommt neues Gerümpel herein und verstopft unseren Kopf und unsere Seele.

In meinen Seminaren zum Thema „Meditation" erkläre ich meinen Teilnehmern Folgendes: Es gibt zwei Arten von Gedanken: einmal diejenigen, die einem „durch den Kopf gehen". Sie kommen und gehen auch wieder. Somit sind sie relativ harmlos. Die gefährlicheren Gedanken sind jene, die kommen und nicht mehr verschwinden, sondern „im Kopf herumgehen". Die finden nämlich keinen Ausgang.

Es gibt Menschen, die sich von diesen Gedanken befreien, indem sie schreiben, zum Beispiel indem sie ein Tagebuch führen. Das ist eine hilfreiche Methode, denn durch das Zu-Papier-Bringen ihrer Gedanken befreien diese Menschen ihren Kopf von dem Zwang, immer weiter nachdenken zu müssen. Was ich schriftlich festhalte, kann ich gedanklich loslassen. Wenn Ihnen spätabends oder in der Nacht – Sie wachen auf und denken sofort an unerledigte Pflichten – Dinge einfallen und durch Ihren Kopf schwirren: Drehen Sie das Licht an, nehmen Sie einen Zettel und notieren Sie all diese Punkte. Ich verspreche Ihnen, Sie werden danach wieder entspannter zurück ins Bett und in den Schlaf finden.

Beim Meditieren ordnen sich Gedanken und Gefühle wie von selbst. Wichtig dabei: Wir können das, was in uns aufsteigt, wenn wir meditieren, nicht ein- und ausschalten wie einen Fernseher. Es geschieht mit uns, und wir müssen uns dem, was da mit uns passiert, öffnen. Es geht nicht darum, ein vorgesetztes Ziel zu erreichen, eine Aufgabe zu bewältigen. Bei der Meditation handelt es sich um eine innere Reise, eine Reise ins Ich. Das Ende dieser Wanderung ins Innere ist zunächst unbekannt; denn wenn ich es vor Beginn der Meditation bereits kennen würde, wäre die Reise umsonst. Ich sollte ohne Aufgabe, ohne Erwartungshaltung die Bilder und Emotionen akzeptieren, die auf mich einströmen.

Beim Meditieren kommt die innere Stille gleichsam wie von selbst durch das bewusste Abschalten der äußeren Unruhe. Geräusche und körperliche Bewegung werden reduziert, am besten überhaupt vermieden. Bei Anfängern der Meditation kann es hilfreich sein, durch formale Vorgaben in die „richtige Stimmung" zu kommen. Ich kann mir einen Gedanken zum Ausgangspunkt nehmen, etwa mein berufliches Leben, meine Familie oder Ähnliches. Aber dann sollte ich mich mir selbst überlassen und einfach abwarten, was geschieht.

Das Kreisen der Gedanken und Gefühle findet in der Meditation sein Ende. Durch rhythmisches Atmen und sich stets wiederholende, meditative Sprachformeln (wie wir sie auch im Gebet finden, etwa beim Rosenkranz, der mir früher immer als Herunterleiern erschien) versetzen wir uns in einen Zustand vollkommener Ruhe. Sie ist vonnöten, damit wir überhaupt auf unsere innere Stimme hören können, die nach kurzer Zeit in Gedanken, Bildern und Gefühlen zu uns spricht.

Es ist paradox: Wenn wir verkrampft darum kämpfen, bestimmte Gedanken und Gefühle loszuwerden, passiert genau das Gegenteil: Wir können uns nicht von ihnen frei machen. In der Meditation lassen wir zu, dass sie uns durchströmen und wieder zum Verschwinden kommen. Das hat eine beruhigende und entspannende Wirkung auf unseren Geist und unsere Seele. Während der zwanghafte Versuch, unser Inneres zu entrümpeln, zum Scheitern verurteilt ist, befreit sich unser Ich durch die Gelassenheit, die wir beim Meditieren erlangen, gleichsam von selbst von all dem geistig-seelischen Ballast.

Am Ende – ganz am Anfang

Entrümpeln ist keine einmalige Angelegenheit. Dies zu erkennen und zu akzeptieren, ist mindestens genauso wichtig wie das Entrümpeln selbst. Wer glaubt, mit einer einmaligen Überwindung seiner selbst sei es getan, der irrt gewaltig. Immer wieder sammelt sich Mist an, sei es um uns herum, in der physischen Welt, in der wir leben, sei es in unserem Körper, sei es in unserem Inneren. Zum Entrümpeln gehört der Vorgang der Reinigung selbst, aber auch das Erlernen einer Lebensweise, die uns dabei hilft, die Ansammlung von Müll so gut wie möglich zu vermeiden. Dass uns dies nie vollkommen gelingen wird, gelingen kann, liegt zu einem wesentlichen Teil daran, dass wir es immer auch mit anderen Menschen und der eigenen Fehlbarkeit zu tun haben und mit der Unvorhersehbarkeit des Lebens insgesamt. Wer nicht daran verzweifelt, dass der Prozess des Aufräumens, des Sich-selbst-Klärens und Läuterns niemals zu einem Abschluss gelangt, kann daraus sogar innere Stärke beziehen. Auch wenn die Hindernisse, die wir täglich aus dem Weg schaffen, diesen immer wieder von neuem kreuzen – erst die Resignation darüber wäre die echte Niederlage.

Wie heißt es so schön in der philosophischen Abhandlung „Der Mythos von Sisyphos" des französischen Existenzialisten Albert Camus (1913 bis 1960), der beschreibt, wie der Titelheld, trotz der Unerreichbarkeit des Gipfels, den knapp vor dem Ziel stets zurück nach unten rollenden Felsen schweigsam von neuem nach oben wälzt, wieder und immer wieder:

„Der Kampf gegen den Gipfel vermag ein Menschenherz auszufüllen. Wir müssen uns Sisyphos als einen glücklichen Menschen vorstellen."

Weitere Bücher

von August Höglinger

Das Leben meistern

Was ist Leben? Was der Sinn? Was Erfolg? Was und wer ist Gott?
Im Gespräch mit dem Autor Thomas Hartl schildert der Lebensbegleiter, welche Erkenntnisse er aus seinem Leben gezogen hat.
Er spricht über Freude und Leid, über Erfolg und Scheitern, Geburt und Sterben und gibt Einblicke in sehr private Dinge.
In Meditation und innerer Schau findet August Höglinger Antworten auf existenzielle Fragen des Lebens.

ISBN: 978-3-902410-15-3

Männer – was Frauen über sie wissen sollten

Wer versteht schon die Männer? Wo sie sich doch kaum selbst verstehen. Dieses Buch dient als Reiseführer ins weite Land der männlichen Seele. Es erzählt von den Ängsten, Sehnsüchten und Schwächen des „starken Geschlechts" und stellt dabei mutig kritische Fragen. Problematische Themen, wie zum Beispiel „Sexualität", „Mannwerden" oder „Die Schwiegermutter", werden dabei direkt angesprochen. Der Autor und Coach August Höglinger beschäftigt sich seit mehr als 20 Jahren intensiv mit dem Thema „Männer". In regelmäßig stattfindenden Seminaren und Vorträgen gibt er seine Erfahrungen weiter und sammelt dabei selbst neue Erkenntnisse. Im Buch „Männer – was Frauen über sie wissen sollten" bietet er Einblick ins Denken, Fühlen und Handeln der Spezies „Mann".

ISBN: 978-3-9501137-7-8

Inthronisation

In diesem Buch werden die wesentlichen Rituale der Übergabe von Führungsmacht beschrieben. Werden bei der Verabschiedung des „alten Regenten“ und bei der Einsetzung des „Thronfolgers“ auch nur kleinste Fehler gemacht, so kann das weitreichende negative Folgen für das Unternehmen, die Mitarbeiter und die Führungskraft selbst haben. Dieses Buch leistet einen wichtigen Beitrag zur erfolgreichen Neubesetzung von Führungspositionen. Ein Ratgeber für alle, die für die Wahl des richtigen Kandidaten verantwortlich zeichnen. Chefs, Personalberater, Trainer und Regenten in spe sind eingeladen, die Spielregeln der Inthronisation kennen zu lernen.

ISBN: 978-3-9501137-4-7

Zeit haben heißt NEIN sagen

NEIN sagen ist eine Schlüsselqualifikation für den Umgang mit der Zeit. Die vorgeschlagenen Methoden, Tipps und Anregungen sind zu 100 Prozent in der Praxis umsetzbar, einfach anwendbar und äußerst wirkungsvoll. Das Arbeitsbuch besteht aus 52 Arbeitsblättern (für die Wochen des Jahres). Es begleitet Sie im Idealfall ein Jahr lang als Ihr persönlicher Berater oder Coach und verhilft Ihnen bei konsequenter Anwendung zu mehr Zeit und Lebensqualität.
Aktualisierte Ausgabe

ISBN: 978-3-9501137-0-9

Lebensziele finden

Sie suchen neue Perspektiven in Ihrem Leben? Stellen sich immer öfter die Frage nach dem eigentlichen Sinn Ihres Lebens? Finden Sie Ihr Lebensziel und machen Sie sich auf den Weg. Denn der erste Schritt zählt. Zehn Fragen (im beiliegenden Arbeitsbuch) helfen Ihnen, Ihre persönlichen Antworten zu finden. Dieses Buch dient als Wegweiser und Begleitung auf dem Weg zu einem erfüllten Leben.

ISBN: 978-3-9501137-6-1

Die Sprache des Körpers

In diesem Nachschlagewerk der Körpersprache erhalten Sie Antworten auf folgende Fragen:

- Was sagen mir Haltung und Stand eines Menschen?
- Was kann ich aus dem Sitzen und Gehen ablesen?
- Welche körpersprachlichen Hinweise bekomme ich bei einer Begrüßung?
- Wie deute ich Gestik und Mimik richtig?
- Welche Rolle spielen die Sinnesorgane in der Körpersprache?
- Welche animalischen Gesetze wirken hinter der Sprache des Körpers?

Wenn Sie körpersprachliche Ausdrücke besser verstehen oder ihre eigenen klarer kommunizieren wollen, dann schlagen Sie in diesem Wörterbuch nach.

ISBN: 978-3-9501137-5-4

Grenzen setzen bei Erwachsenen

In diesem Buch geht es um die Grenzen und Reviere bei Erwachsenen im privaten und beruflichen Umgang miteinander. Es soll jenen helfen, die sich schwer tun, Grenzen zu setzen und NEIN zu sagen. Zahlreiche Vorschläge und Übungen zur Lösung von Grenz- und Revierproblemen werden angeboten. In 29 lebensnahen Geschichten kann sich jeder mühelos mit den behandelten Problemstellungen identifizieren.

ISBN: 978-3-9501137-1-6

Ruhe finden

„In der Ruhe liegt die Kraft", sagt ein altes Sprichwort. Aber dazu müssten wir sie erst einmal finden.
Wie gelingt es uns, den äußeren und inneren Stress los zu werden? Wie können wir Körper und Geist sammeln und auf unser Inneres hören? Wie finden wir aus Ablenkung und Äußerlichkeit wieder zu uns selbst zurück?
Wenn es uns glückt, uns auf das Wesentliche zu konzentrieren, erfahren wir Ruhe und Gelassenheit.

ISBN: 978-3-902410-14-6

Umgang mit Angst

Es gibt kein angstfreies Leben. Und das ist gut so. Weil die Angst eine Art Warnsignal ist, sollten wir nicht daran arbeiten, sie auf Dauer loszuwerden. Aber wir können und sollten lernen, mit ihr umzugehen, sie nicht als Bedrohung oder gar als Feind anzusehen. Wenn wir es schaffen, sie in unser Leben zu integrieren, kann sie sich zu einem hilfreichen Freund entwickeln.

ISBN: 978-3-9501137-8-5

Menschen führen

Eltern führen ihre Kinder, Vorgesetzte ihre Mitarbeiter. Für beide gelten die gleichen Grundregeln der Führung. Dabei wirkt das Vorbild mehr als alles andere. Sie erfahren wertvolle, praktische Tipps und wichtige Erkenntnisse zum Führen von Menschen.

Dieses Buch soll Sie ermutigen, mehr und mehr die Führungspersönlichkeit zu werden, die Sie sind.

ISBN: 978-3-902410-16-0

Loslassen ohne zu vergessen

Wie ich loslassen lernen kann: Dieses Buch ist ein praktischer Ratgeber zum Loslassen. Sie lernen die zehn Schritte des Loslassens, die im Todesfall oder bei einer Trennung zu gehen sind. Wertvolle Hinweise zum Trauern und zum Umgang mit Trauernden ergänzen die zehn Schritte des Loslassens. Sie werden wieder frei – ohne das Vergangene vergessen oder verdrängen zu müssen.

ISBN: 978-3-9501137-3-0

Lust auf Meditation

Sie sollten dieses Buch lesen, wenn Sie nach Klarheit in wichtigen Fragen und Entscheidungen suchen, wenn Sie innerlich ruhiger und ausgeglichener werden wollen, wenn Sie das Meditieren praktisch erlernen oder einfach nur Grundlegendes über Meditation erfahren möchten. Meditationslehrer, Coach und Autor August Höglinger gibt Antworten auf Fragen, die sich jeder einmal stellt.

ISBN: 978-3-9501137-2-3

CDs

von August Höglinger

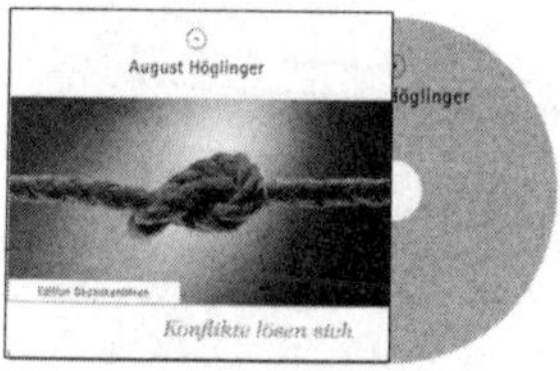

Konflikte lösen sich

Vortrag – Studioaufnahme
ISBN 978-3-902410-18-4

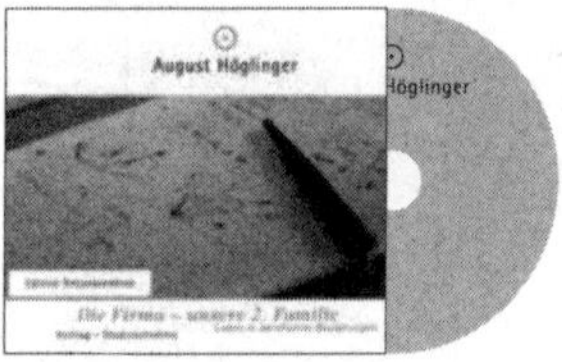

Die Firma – unsere 2. Familie

Vortrag – Studioaufnahme
ISBN: 978-3-902410-04-7

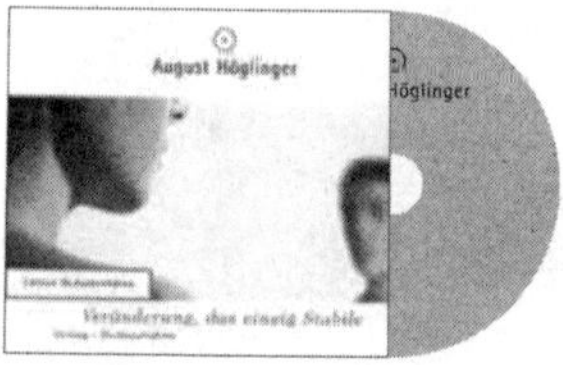

Veränderung, das einzig Stabile

Vortrag – Studioaufnahme
ISBN: 978-3-902410-03-0

Grenzen setzen bei Erwachsenen

Vortrag – Studioaufnahme
ISBN: 978-3-902410-01-6

Zeit haben heißt NEIN sagen

Vortrag – Studioaufnahme
ISBN: 978-3-902410-00-9

CDs

von August Höglinger

Das Leben entrümpeln

Vortrag – Studioaufnahme
ISBN: 978-3-902410-12-2

Lebensziele

Vortrag – Studioaufnahme
ISBN: 978-3-902410-09-2

Leben in gelungenen Beziehungen

Vortrag – Studioaufnahme
ISBN: 978-3-902410-06-1

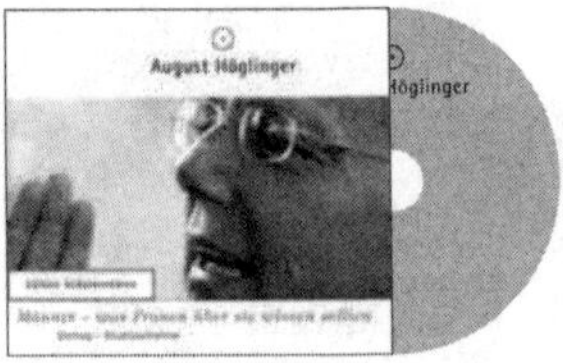

Männer – was Frauen über sie wissen sollten

Vortrag – Studioaufnahme
ISBN: 978-3-902410-07-8

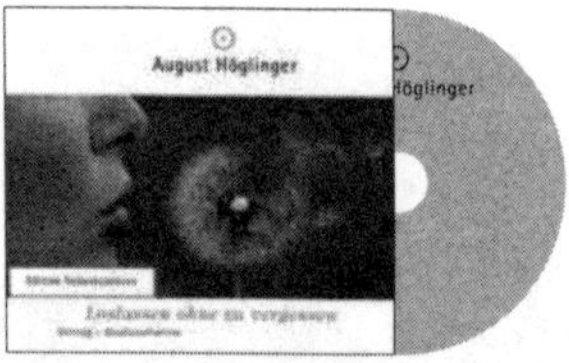

Loslassen ohne zu vergessen

Vortrag – Studioaufnahme
ISBN: 978-3-902410-08-5

CDs

von August Höglinger

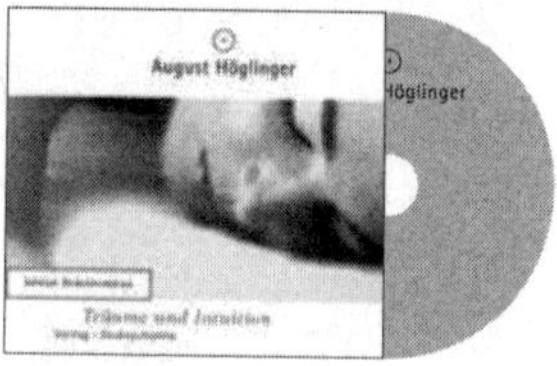

Träume und Intuition

Vortrag – Studioaufnahme
ISBN: 978-3-902410-05-4

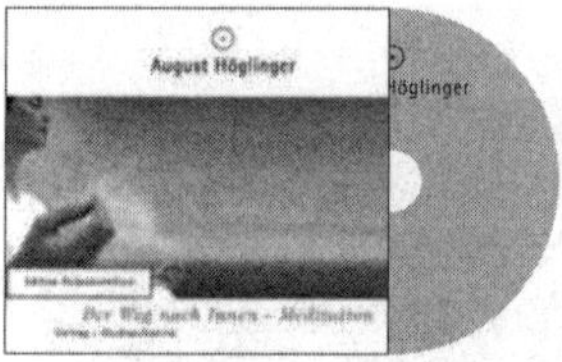

Der Weg nach Innen – Meditation

Vortrag – Studioaufnahme
ISBN: 978-3-902410-02-3

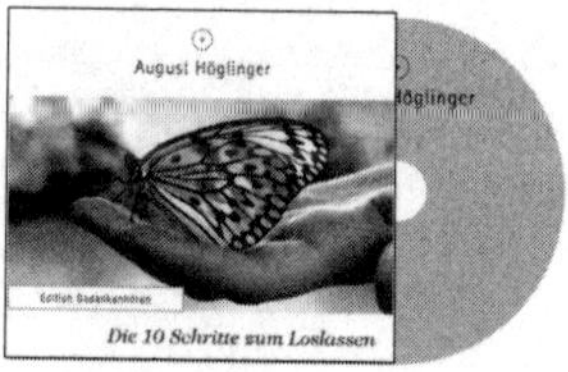

Die 10 Schritte zum Loslassen

Vortrag – Studioaufnahme
ISBN 978-3-902410-17-7

Klangschalen-Meditation

Liveaufnahme
ISBN: 978-3-902410-11-5

Meditation für Körper und Seele

Liveaufnahme
ISBN: 978-3-902410-10-8

August Höglinger

Führungskräftecoach, Vortragender und Autor

Der Autor begleitet seit Jahrzehnten Menschen auf ihrem persönlichen und beruflichen Weg.

Diese Lebenserfahrungen teilt er in seinen Büchern und Vorträgen mit seinen Lesern und Zuhörern. Sein Blick auf das Wesentliche und seine bildhafte Sprache machen seine Publikationen so wertvoll.